ポルトガル・サッカー物語

市之瀬 敦

Estórias da História do Futebol Português

社会評論社

Pontapé de Saída

ポンタペー・デ・サイーダ／キックオフ

いつもは目立たないのに、ある日突然、世界史の流れを一気に変えてしまうかのような大事業を成し遂げる国がある。ポルトガルはそんな国のように思える。

東と西、北と南、人類の歴史上、初めて世界を一つに結びつけた大航海時代の先駆者はポルトガル人だ。また、二〇世紀最後の民主化の波、その発信源もポルトガルだ。世界を舞台とした芝居の脚本を書くとき、けっして出ずっぱりの主役ではないけれど、時に姿を現わしドラマに新しい展開を与える、ポルトガルはそんな名優なのかもしれない。

二〇世紀最大のスポーツ、サッカーを語るとき、主役はやはりブラジルとなるのだろう。一九三〇年から九八年までに一六回開かれたワールドカップで四回の優勝、つまり四年に一度開かれる地球最大のスポーツ・イベントで四回に一度優勝を果たした国、それがブラジルだ。もちろん他にも主役級の国はある。南米ならアルゼンチンとウルグアイ、ヨーロッパならドイツやイタリア。どれも栄光のサッカー史を語れる国である。

けれど、世界のサッカーはいわゆる「大国」だけで成り立っているわけではない。あのW杯、あの国は素晴らしいサッカーを披露した。あの頃、あの国の代表チームは光り輝いていた。郷愁をもって今も語り継がれる国がある。ポルトガルはそんな国の一つではないか。

ワールドカップとポルトガルの名が重なり合う記憶といえば、多くの人々が六六年イギリス大会を思い起こすにちがいない。初出場の国が卓越した個人技と爆発的な攻撃力によっていきなり三位入賞を果たしたのだった。原動力はエウゼビオ、侍のお辞儀のような深い前傾姿勢と大きく振り上げられた右足、そう形容された豪快なシュート・シーンを覚えているサッカー・ファンも少なくないだろう。しかし、ベンフィカ・リスボン移籍にまつわるエピソード、六六年W杯対北朝鮮戦に秘められたもう一つの意味、抑圧的なサラザール体制との関わり、語り継がれるべきエウゼビオの真実は強烈なシュートだけではない。

好選手を数多く輩出しながらも、あまりW杯と縁のないポルトガルだが、イギリス大会の二〇年後、メキシコW杯に出場を果たしている。一勝二敗による予選リーグ敗退、イングランド大会にはとても及ばない成績だったが、個々の選手のレベルはけっして低くはなかった。そもそも八〇年代、名門クラブ、ベンフィカとFCポルトはヨーロッパのカップ戦で大活躍し、代表チームも八四年のヨーロッパ選手権で三位入賞を遂げている。八〇年代、ポルトガル・サッカーは再び世界を前にその存在の証を立てようとしていた。

二〇世紀最後の一〇年間、ポルトガル代表チームは私たちの目を大いに楽しませてくれた。九四年、九八年のW杯出場こそ逃したものの、九六年そして二〇〇〇年のヨーロッパ選手権では華麗なまでのパスワークを展開、それぞれベスト・エイト、ベスト・フォーまで進出している。八九年、九一年のワールドユースを連覇した「黄金の世代」はポルトガル社会の国際化とともに、ポルトガル・サッカーの国際化にも貢献した。彼らはきっと二〇〇二年日韓共催W杯においても、世界で最も美しいゲームメーキングを披露してくれるにちがいない。

一九世紀末、初めてポンタペー・デ・サイーダ（キックオフ）の笛が吹かれてからすでに一〇〇年以上の月日が流れ、ポルトガルにも数多くのサッカー物語が生まれた。反英ナショナリズムの克服、名門クラブの誕生と発展、隣国スペインとの戦い、アフリカ出身選手の活躍、ワールドカップ挑戦の成功と失敗など、サッカーは単なる一スポーツ以上のものとして私たちの心に何かを訴えてくる。たしかにポルトガルは「サッカー大国」ではない。けれども、語るべき内容にはこと欠かない国なのだ。

スタンドに腰を下ろしピッチに目をやれば、普段着にキャップをかぶった選手、船で川を渡りバスを乗り継いで試合に駆けつけた選手、植民地を後に本国での成功を求めて張り切る選手、外国のビッグ・クラブでのプレーを夢見る野心家の選手、様々な選手たちがウォーミング・アップの最中だ。

ポンタペー・デ・サイーダの笛がそろそろ聞こえてくる。

ポルトガル・サッカー物語★目次
Índice

Índice

I　ポルトガル・サッカーとの出会い

O Primeiro Encontro com o Futebol Português

「夢を見させてくれないか……」

ジョゼ・トーレス
（一九八六年W杯メキシコ大会ポルトガル代表チーム監督）

メキシコに行くぞ！

一九八五年一〇月一六日。その日の夜、私はリスボンを流れるテージョ川沿いの、とあるレストランで夕食をとっていた。そこで食事をするのはその日が初めてで、二度と足を運ぶことはなかったから、今では名前も正確な場所もまったく憶えていない。でも、ポルトガルならどこにでもありそうな、ごく普通のレストランだったと思う。

四人がけの小さなテーブル、私の右横には当時、部屋を間借りしていた家の主アントニオ、正面にはその妻アナ、そして彼女の隣には同じ家に短期間だけ滞在していた西ドイツ人青年がいた。マルティンという、ありがちな名前だった。他には客があまりいなかった。繁盛しそうもない味と雰囲気の店だった。マルティンが帰国を間近に控え、お世話になった夫妻に感謝の意を示すため食事に招き、いつも暇そうにしている私にもついでに声をかけたというのが、そのメンバー構成の理由だった。正直を言うと、私は他に気になることがあって、あまり外出したくなかったのだけれど、せっかくの誘いを断るのも悪いと思い外食に同伴したのだった。レストランを選んだのもマルティンだった。リスボンで知り合ったポルトガル人から教えてもらった店なのだ、彼はそう言った。誰が何を食べたのか、もちろん記憶にはない。私たち三人のうちアナ一人だけがおいしいと言ったけれど、それがお世辞であることは見え透いていた。この街にはもっとおいしい食事を出す店がたくさんあるのに……、私はかすかに優越感を抱き、そして彼のことが少し哀れになった。私のリスボン生活はその頃すでに一年近くになろうとしていた。

とても大切な日だった。新たな一章を歴史に書き込むための夜だった。マルティンの帰国が目前に迫っていたからではない。彼に関し、私の気になったことと言えば、その国籍くらいだった。

なぜ大切だったのか、理由は、その日の夜、翌年メキシコで開催されることになっていたサッカー・ワールドカップの予選試合がヨーロッパの様々な都市で行われたからだ。ポルトガルにとり、その試合が最終戦だった。栄光の六〇年代が終わり、国境の内部に閉じこもってしまったポルトガルは、久しぶりの国際舞台への登場となった、八四年夏フランスで開かれたヨーロッパ選手権で三位入賞を果たしており、ワールドカップ予選で西ドイツ（当時）やスウェーデンそしてチェコスロヴァキアといった強豪国と同じ組に入りながらも、予選突破はほぼ確実との前評判を取っていた。上位二チームがそのまま本大会に行けたのだ。

過去の実績から見て西ドイツは予選開始前から当確、残り一つの座を弱小マルタ共和国を除く三カ国で争うと見られていたのだが、誰もがポルトガルが最右翼と考えていた。たしかに、八四年九月一二日、初戦のスウェーデン戦をアウエーにもかかわらず勝利したときには、ポルトガル強し、との印象を強めていた。ポルトガル留学を間近にひかえていた私は日本のサッカー雑誌でその記事を読み、わくわくした気分になっていた。下馬評に間違いなし！　ワールドカップ出場をポルトガル人と一緒に喜ぶことができるにちがいない。その頃の私はワールドカップ出場に至るまでのプロセスがいかに複雑で、どれほどストレスが溜まるものなのか理解しておらず、侮っていたのだった。

しかしその後、ホームでスウェーデンや西ドイツに敗れ、楽勝相手であるはずのマルタ共和国にもやっとの思いで勝つという体たらくで、予選終盤の八五年初秋には、ポルトガル代表は国民からも見放されようとしていた。悲観的なポルトガル人のメランコリーに感化され、一年間のポルトガル生活に少し飽きていた私も何となく落ち込んでいた。

でも、計算の上ではかすかな希望が残されていたのだった。一〇月一六日、もしスウェーデンがプラハでチェコスロヴァキアに敗れ、ポルトガルがシュツットガルトで西ドイツに勝てば、という条件つきだったけれど。前者はありえた、両国の拮抗した実力から見て。けれど後者の可能性はきわめて低かった。西ドイツがワールドカップ予選で負けたことは一度もなかったのだ。しかも、その半年前ポルトガル代表はあまり良い思い出のないリスボンの国立競技場で西ドイツ代表と戦い、一対二で敗れていた。だからはっきり言って、予選最終戦を迎えようとしていた頃、大部分のポルトガル人は希望というよりは諦観に支配されていたし、正直言って私もポルトガルのワールド・カップ出場をかなりの程度まであきらめかけていた。当時のポルトガル・サッカーはまだ敗北主義に囚われていて、ポルトガル人はあきらめる国民だった。

けれど、この日にかぎって言うと、何かが違っていた。理由などなかったのだけれど、私は朝から何となく楽観的な気分になっていた。誰にでもそんな日が年に一度や二度はあるだろう。私の勝手な思い込みだったのかもしれないけれど、ポルトガル人の間にも投げやりというのではなく、勝敗の呪縛から解き放たれたような清々しい気分というものが感じられた。国民全体がプレッシャーから自由になったような顔をしていた。そしてギリギリまで追い詰められた者が良い意味で開き直ったときに見せる強さが選手たちにはあった。

試合前、プラハで行われたチェコスロヴァキア対スウェーデン戦が前者の勝利で終わったというニュースは、私にも選手控え室にも勇気と活気を与えた。当時はまだ予選突破を決める最終戦はすべて同日の同時刻スタートという決まりはなかったのだ。ピッチ上のポルトガル人選手たちは久しぶりに思い通りに中盤を作り、アウエーとはいえゲームを支配していた。半年前、私が応援に行ったリスボンの国立競技場ではできなかったことだ。

失礼を承知での上で、ゲームの間じゅう私はテーブルでの会話は適当に聞き流し、レストランの壁にかけられたテレビの画面をずっと見つづけていた。隣にいたアントニオも適当に相槌を打ってはいたが、会話に集中しているようには見えなかった。すると、きっと私たちへの当てこすりだったのだろう、途中マルティンがテレビの方へ振り返りそして顎をしゃくりあげながら、これは狂気の沙汰だ、と拙いポルトガル語でボソッと言った。その口ぶりからして、彼がサッカー嫌いであることはよくわかった。だから、「これ」とは西ドイツ代表の不甲斐ないプレーではなく、サッカーそのもののことだ。インテリはサッカーがお嫌いで、なんて言うと厭味だろうし、ドイツ人のくせして、というのは偏見というものなのだろう。私は彼の非難めいた言葉も聞き流した。私にはゲームに対する集中こそが必要だった。気を緩めたら失点を喫してしまう、勝手にそう思い込んでいた。

★

実を言えば、西ドイツはすでに予選トップ通過が決まっていたから、対ポルトガル戦は負けてもかまわない消化試合だった。西ドイツの選手たちが一〇〇パーセントの本気でないことは私にもわかった。だからといって、手を抜いてみすみす負けるほど彼らは甘くはない。プライドの高い西ドイツ人プレーヤーが地元のファンを前にお粗末なゲームを見せるはずもなかったのだ。厳しい試合となった。だが、ポルトガルは勝った、一対〇で。今なら「司令塔」と形容されるであろうカルロス・マヌエルが長いドリブルの後に放ったロング・シュートから生まれた虎の子の一点を守り切り。西ドイツのシュートが何度もバーやポストを叩きながらも、ゴールラインを越えず、ポルトガル守備陣の足元や手元にボールが転がり込むという幸運に助けられながら。

ポルトガル代表の試合を見て楽しい気分になったのは久しぶりだった。それまでの予選試合と異なり、不思議なことに、なんとなくゴールを割られないという安心感もあった。そして、試合終了の笛を聞いたとき、それまでのフラストレーションをすべて吹き飛ばそうとするかのように、私は周囲の目もはばからず思わず両拳を突き上げ、そして叫んだ。

バモス・ア・メシコ！（メキシコに行くぞ！）

歓喜する私の様子を目の当たりにし、同席の三人は少し呆れたような表情を見せたが、そんなことはどうでもよかった。彼らの反応なんて眼中になかった。ポルトガル対西ドイツの試合をポルトガル人、西ドイツ人そして日本人が揃って観戦し、ポルトガルの勝利を日本人が一番喜ぶ、変な構図かもしれないけれど、私は本当にうれしかったのだ。紆余曲折はあった、しかしとにかく二〇年ぶりにポルトガルがワールドカップ出場を決めたのだ。短いとはいえ、ポルトガル・サッカーに付き合ってきた人間としては喜ばずにはいられなかった。

第三者の試合結果に依存し、最終戦を一対〇で勝利し、でも国際大会への出場を逃す、それがポルトガル・サッカーの伝統なのだそうだけれど、このときはワールドカップの出場を決めてくれた。伝統なんて創られたもの、そこに呪縛される必要なんかないのだ。

それから間もなく、ドイツからのテレビ中継が終わり、ニュースの時間となった。私たちは食後のコーヒーを飲んでいたと思う。眼鏡をかけたいつもと同じ男性アナウンサーの顔がアップになるとすぐに、彼は落ち着いた口調で、すべてのポルトガル人にむかってこう言った。

バモス・ア・メシコ……。

私と違ってアナウンサーはちょっともったいぶったような静かな口調だったけれど、私が思わず発したのと同じ文章をニュースの冒頭に持ってきた。世界の四つのコーナーで暮らす全てのポルトガル人が共有する喜びの気持ちを（大袈裟か？）、同じ言葉で表現できた、私はそのとき留学生活で初めて、ポルトガル人と心を通い合わせることができたような気がした。また、文法的な正確さだけでなく（バモス・ア・メシコなんて、ポルトガル語を一ヶ月も勉強すれば作れそうな文章だけれど）、その場その場のコンテキストに相応しい言葉遣いをポルトガル語でもできるようにと努力してきた自分の勉強方法が間違っていなかったことを確認できた瞬間でもあった。私は勝利の喜びを感じていただけでなく、知的な意味でも少し誇らしい気分になっていた。

今ではもう廃刊になってしまったけれど、八四年の秋から数年間、ポルトガルでは『フット』という英語の名を持つサッカー専門の月刊誌が発行されていた。雑誌名としては、ポルトガル語の「ペー」（足）ではやはり様にならないのだろう。編集長が当時リスボンの名門クラブ、ベレネンセスに所属していたノルトン・デ・マトスという現役のサッカー選手ということで、海外のメディアからも注目されたことのある雑誌だった。印刷技術の高くないポルトガルらしく、あまり鮮明ではないカラー写真が数多く掲載されるその雑誌を私は毎月楽しみに購読していたのだけれど、ワールドカップ出場が決まった直後の号では、国民的英雄となったカルロス・マヌエルのアップの下に「バモス・ラ！」（行くぞ！）という大きな活字が躍っていた。日本ではJリーグが始まってまだ間もない頃、三浦知良がドリンク剤のコマーシャルで口にして知られるようになったポルトガル語だ。

「バモス・ア・メシコ」、「バモス・ラ」、いずれにしても、それから半年以上の間ポルトガル・サッカー界では威勢の良い言葉が繰り返され、ポルトガル人の間では楽観論が支配的だった。W杯イギリス大会で初出場にもかかわらず三位入賞した一九六六年の快挙を再現できるのではないかと餅を絵にする人もかなりいた。日本代表は韓国に敗れ、メキシコに行けないことはすでに決まっていたけれど、私も自分が暮らしている間にポルトガルがワールドカップ出場を決めてくれたことで、うきうきするような気分の日が続いた。ポルトガル・サッカーは一九六〇年代に最初の黄金時代を迎え、その後は国際舞台から姿を消していたけれど、その第二期黄金時代に遭遇できたことを私はサッカーの神様にとても感謝していた。サッカーの神様といってもペレのことではない。ペレは「王様」であって「神様」ではないし、そもそも彼はポルトガル代表をまったく評価してくれていなかったのだ。

ワールドカップ開幕のだいぶ前からペレは、守備的システムを濫用するポルトガル代表にはワールドカップであまり期待できない、とはっきりと言っていた。中盤の出来、不出来にむらの多かったポルトガル代表の戦い方は、ペレの言う通り、守備重視にならざるをえなくて、攻撃陣の生産性も高くはなかった。彼らの得点力不足は今に始まったことではないのだ。だからペレの言うことはもっともだったのだが、それにしても、引退後サッカー大使として世界中を飛び回るペレも、旧宗主国ポルトガルに対しては外交官であることをやめてしまうようだった。あるいは六六年、ポルトガルに味わわされた屈辱を思い出し、辛辣な言葉を浴びせてしまったのだろうか。私はポルトガル人と一緒に楽観論に浸りたかったけれど、どこかいつもペレの予想が気にかかった。

ゴールデン・ブーツ賞を二度も取ったFCポルトのフェルナンド・ゴメスがいるのになかなか点を取れないフォワード陣。しっかりしているようで、どこか脆い守備陣……。そして八六年夏、正しかったのはペレだった。一九七〇年同様、ペレはメキシコで間違えなかった、六六年にはポルトガルを前に完全に失敗してくれたのに……。

一九八四年夏、彼らは帰ってきた

私にとりポルトガル・サッカーとの出会いらしい出会いをあげるとすれば、それは八四年フランスで開催されたヨーロッパ選手権でのポルトガル代表のゲームだろう。フランスに行って試合を見たわけではないし、もちろん当時は衛星放送なんてなかったから、夜中に生中継を見ていたわけではない。今では「伝説の」という形容詞をつけたくなる番組、「三菱ダイヤモンド・サッカー」で地元フランスとの準決勝をテレビで見ただけであった。

でも、その年の秋からポルトガルに留学する予定だった私にとって、フランスのシャンパン・サッカーよりポルトガル・サッカーは魅力的な美しいフットボールだった。私の贔屓目もあったのだろうけれど、ポルトガル人選手が披露した技術がヨーロッパの最高峰にあることがマルセイユで証明されていたと思う。中盤のパスの繋ぎを見れば、プラティニ、ジレス、ティガナ、フェルナンデスを擁したフランス代表に負けていなかった。ポルトガル人がしばしば口にするように、当時のポルトガル代表は「グランデ・エキーパ」（偉大なチーム）だったのだ。私は「シャンパン・サッカー」に対抗して「ポートワイン・サッカー」と命名したらよいのではないかと思ったりもしたのだが、赤いボールでも蹴るのかとからかわれそうな気もして、自主的に廃案とした。

留学時代の下宿先のアントニオは、一緒に暮らし始めてからまだ間もない頃、私がフットボールを好きだと言ったとき、日本人だから、「アメリカーノ（アメリカン）の方か？」と訊いたけれど、「エウロペウ（ヨーロピアン）だ」と答えたらすごく意外そうな顔をしていた。その後、ヨーロッパ選手権フランス大会で代表メンバーとして活躍したポルトガル人選手たちの名前をすらすらと列挙したら、表情は驚きに変わった。

けれども、ソ連（当時）、ポーランド、フィンランドと同じ組でヨーロッパ選手権予選を戦ったポルトガルは、モスクワで〇対五でソ連に大敗したりして、本当に強いチームなのか、よくわからないところもあった。本大会出場を決めた予選最終戦、一九八三年一一月リスボンで行なわれた対ソ連戦だって、決勝点は本当なら存在しなかったPKによるものだった。ソ連人ディフェンダーが犯したファールはエリアの外だったのだが、フランス人の主審がPKを取ってくれた。冷戦も悪いことばかりではなかったのだ。本大会直前に行われたルクセンブルクとの練習試合も、「カモ」でしかないはずの相手に二対一という冷や汗ものの勝利でしかなかった。

でも、大会が始まると、ポルトガル代表は真価を発揮しはじめた。ポルトガルはダークホースと言われているくらいがちょうど良くて、楽観論はむしろマイナスに機能する国なのだろう。一次予選リーグで西ドイツとスペインに引き分け、しかも内容的には上回り、ルーマニアには勝利し、準決勝に勝ちあがった。あるジャーナリストが命名した「我々すべてのチーム」(ポルトガル代表)はどの試合でも守備は堅実だったし、中盤にはイマジネーションが溢れていた。そしてスピードとインプロビゼーションに満ちたフォワードに任されたカウンター攻撃は他のチームにとり脅威となっていた。

対フランス戦に戻ろう。ブラウン管を前に、私はいずれ目にするであろうポルトガル人選手のプレーに注目した。前半二五分、まずフランスがドメルグのフリーキックによる得点でリードした。しかし、八四年の代表チームは自信があったのだろう、あきらめずに戦いつづけた。そして、後半ポルトガルはフェルナンド・シャラーナのクロスを受けたルイ・ジョルダンのヘディング・シュートで追いつく。一対一の同点のままゲームは延長に入り、再びジョルダンのボレー・シュートで一度はポルトガルがリードしたが(ゴールデン・ゴール方式が採用されていたらポルトガルが勝っていたのに……)、延長後半プラティニのパスを受けたドメルグに同点ゴールを決められ、最後はティガナの折り返しに合わせたプラティニの決勝点で結局ポルトガルは敗れてしまった。負けても仕方のない試合をひっくり返すのだから、プラティニは本当に偉大な将軍だった。でも、敗者ポルトガルの健闘も見事だった。ポルトガルが決勝に進んでも不思議ではないゲームだった。

敗戦とはいえ、そのゲームを見て、私はポルトガル人選手に好感を抱いた。なかでも私にとって印象的だったのは、まずフランスから二点を取ったフォワード、ルイ・ジョルダン（今は画家である）。旧ポルトガル領、アフリカ南西部に位置する内戦と地雷で名高いアンゴラ出身の選手で、当時はスポルティング・リスボンでプレーしていた。アフリカ人特有のしなやかな体の動き、やわらかいボール・タッチ、そして得点感覚はなかなかのものだった。「負傷の殉教者」と言われるほど多くの怪我に苦しめられた現役生活だったが、それさえなければもっと活躍できた選手だったはずだ。

中盤でゲームを組み立てたカルロス・マヌエル、ジャイメ・パシェコ、アントニオ・ソーザといった選手も素晴らしかった（三人とも今は監督）。ポルトガルの選手はやはり技術は高いレベルにあるし、戦術眼だって長けていた。またカルロス・マヌエルとソーザはポルトガル人にしては珍しくロングシュートを打つことができて、その意味でも貴重な戦力だった。

ディフェンスを見ると、FCポルトの三人がなかなかしぶとい守備を展開していた。エウリコにリマ・ペレイラ。この二人の偉大なセンター・バックは普段から同じクラブでプレーしていただけあって最高のコンビネーションだった。また、右サイドのジョアン・ピント（現在、代表で活躍する選手とは別人。今はガソリン・スタンドを経営している）は、背は低いけれど骨太で、堅実かつしつこい守備を得意としていた。所属チームは嫌いだったが、私と年齢が同じだったので、その後も彼のプレーはいつも気になった。

ゴール・マウスを守るマヌエル・ベントというGKは目がギョロっとして、毛深く髭も濃かった。愛嬌があるといえば、そのとおりだが、とてもハンサムとはいえない。キーパーとしては背も低く、その分敏捷な動きでカバーしていた。八四年ヨーロッパ選手権の後ドイツ代表監督に就任しメキシコW杯予選で大いにポルトガルを苦しませることになるベッケンバウアーが、ポルトガルにはヨーロッパを代表するキーパーがいると言っていたけれど、ベントを見るとあからさまな外交辞令としか聞こえなかった。確かにベントは悪くなかったし、バック・ラインも下手ではなかったけれど、如何せんポルトガル人には（「は」ではなく「も」というべきか？）、ゴールに鍵をかけるカテナチオはできなかった。

でも、誰が何と言おうと、私にとりポルトガル代表のベスト・プレーヤーは、小さな天才フェルナンド・シャラーナだった。すごく小柄で、北欧の大柄な選手に体のどこかをちょっとでも突かれると四、五メートルは軽く飛んでいってしまうような選手だったが、巧みなフェイントを交えたそのドリブルはプラティニより何倍もうまかった。ベッケンバウアーも、ヨーロッパ選手権の後、プラティニの後継者としてシャラーナの名前を挙げていた。もっとも神ではないせいか皇帝の予言が外れたのは残念だったが。今をときめくルイス・フィーゴのドリブルを子猫がボールにじゃれるみたいで魅力的だと言ったジャーナリストがいるが、フェルナンド・シャラーナにこそ、その形容は相応しい。もちろんフィーゴが下手といっているのではない、フィーゴもシャラーナのテクニックをちゃんと引き継いでいるように思える。

私はこうした魅力溢れる選手たちのプレーを直に見ることができるにちがいないと信じて、ポルトガルに出発したのだった。けれど、八四年一〇月末リスボンに着いたときにはすでに肝心のシャラーナはベンフィカ・リスボンを離れ、フランスの強豪チーム、ボルドーの選手になっていて、しかも怪我に悩まされゲームにも出ていなかった。シャラーナ本人が言っていたことだが、アフリカ出身であるが故にフランスで人種差別に苦しめられたティガナによる八つ当たりのような苛めにもあっていた。しかも、リセー出身でフランス語に堪能な妻アナベラがフランスのメディアに対し夫の代わりに喋りすぎるという批判を受けているといった噂も聞かされた。フェルナンドは義務教育しか終えておらず、当初はフランス語の「フ」の字もできなかった。

フェルナンド・シャラーナはボルドーに契約どおり三年間所属したのだが、結局ほとんどプレーらしいものは見せないまま、八七年のシーズンに古巣のベンフィカに戻ってきた。私はそのとき初めてシャラーナのプレーを生で見たけれど、三年前と同じ選手とは思えなかった。悲しいかな、シャラーナも外国で失敗するポルトガル人選手の伝統を受け継いでしまったのだった。その悪しき伝統に変化の兆しが見え始めたのは、一九八〇年代後半、ポルトガルがEC（現在のEU）に加盟してからのことだ。しかもシャラーナはその後ベンフィカのフロントと喧嘩別れし、最愛の妻アナベラとも離婚してしまった。フランスは彼に幸運の扉を開いてくれたかのように見えたのだが、結局は人生を完全に狂わせてしまったようだった。

面白いことに、ヨーロッパ選手権でポルトガル代表チームのベンチには監督と呼べる人が四人もいた。テクニカル・コミッションを名乗ったフェルナンド・カブリタ、アントニオ・モライス、トニー、ジョゼ・アウグストだ。いったい、誰が最終決定を下していたのだろうか。ポルトガル人も集団で物事を曖昧にしてしまうことがあるらしい。そして、そんないい加減な代表チームを編成しても三位入賞を果たすところがすごいとも言えるし、だから良い選手がいても優勝を逃してしまうのだとも言えるだろう。ともに誤りではないのだが、どちらの見方を選ぶかによって、その人のポルトガル観というものが見えてきそうだ。

★

初めてのスタジアム

ポルトガルに暮らすようになり初めてサッカーの試合をスタジアムで見たのは、八四年一二月の「クラシコ」(伝統の一戦)そしてリスボン・デルビー(ダービー)、ベンフィカ対スポルティングの一戦だった。スポルティングのホーム、エスタディオ・デ・アルバラーデ・スタジアム(アルバラーデ・スタジアム)で行われたのだから、スポルティング対ベンフィカと書くべきなのかもしれない。でも私はベンフィキスタだから、常にベンフィカが前に来るのだ。ベンフィキスタとはベンフィカの「選手」「クラブ関係者」そして何よりも「サポーター」のことだが、私自身に関しては「ベンフィカ至上主義者」と訳したいところだ。

当時このカードは国民に対するクリスマス・プレゼントとして、クリスマスの直前に行われることになっていた。リスボン市民だけでなく、国中の注目を集めるゲームだったのだ。リスボンの冬といえば、サーカスそしてサッカーだということがすぐにわかったが、私はサーカスは一度しか見に行かず、スタジアムにばかりその後も通いつづけることになった。フランスで開かれたヨーロッパ選手権に出場したポルトガル代表を見ると、主力メンバーはＦＣポルト所属の選手が多く、その後に始まった八四―八五年のシーズンでもＦＣポルトが好調を維持したままトップを走り、リスボンの両チームは二位、三位に甘んじていた。

シーズン開幕直前、クロアチアの名将トミスラウ・イビッチに逃げられたベンフィカは、バイエルン・ミュンヘンでも指揮をとったことのあるハンガリーの名監督パル・チェルナイを急遽つれてきて必勝を期していたが、いま一つ調子は上がらなかった。その歴史をひもとくと、ベンフィカはハンガリー人監督とは相性が良いはずなのに、このチェルナイ監督はポルトガル・サッカーに対する軽蔑を露骨に表し、リスボンに長くはいないだろうと早くから予想されていた（実際シーズン終了と同時にポルトガルを去った）。かつてベンフィカの監督だったハンガリー人バローティはリスボンを去るとき、ハンガリーに一人はベンフィキスタがいることを憶えておいてほしいと言い残したが、チェルナイはただ去りゆくのみだった。ただし、そんな彼でも、ポルトガルの民衆音楽ファドで有名なリスボンのバイロ・アルト地区へは何度も足を運び、散策を楽しんでいたから、サッカーは気に入らなくとも、街は好きだったのかもしれない。

　きっと監督と選手の間に信頼感がなかったのだろう、またシャラーナの抜けた穴を埋めることができなかったせいもあったのだろう、ベンフィカはスペクタクルのないサッカーを続けていた。ヨーロッパ選手権で活躍したベントやカルロス・マヌエルなどの名選手は頑張っていたけれど、身長だけ高くて、ボール・リフティングが五回も続かない不器用なデンマーク人マニックに頼った単調な攻撃は魅力がなかった。背が高い選手のヘディングに頼り切るサッカーとは頭を使わないサッカーだ。マニックの身長は一九〇センチ以上あったのだが、彼は身長が足りないからハンドボールの選手になるのをあきらめ、サッカーを選んだのだと言っていた。同じ地球上の話とは思えない。

　スポルティングにしてもそれほど良いサッカーをしていたわけではなかったけれど、やはりリスボンのライバル・チームの対決ともなれば、スタンドは満員となり、大いに盛り上がった。一つ面白いと思ったのは、スタンドでは両チームのファンが混ざり合って観戦していることだった。熱狂的なファンの多い国では異なるチームを応援するファンを別々のブロックに入れて互いに引き離すのに、ポルトガル人は比較的おとなしいのだ。ポルトガルは穏やかな慣習の国といわれるけれど、サッカーの観衆もまたわりと穏やかな国だったのだ。

ゲームは一対〇でスポルティングが勝った。私の目の前でベテランのエース・ストライカー、マヌエル・フェルナンデス（現在は監督）がこぼれ球を押し込み、そのままベンフィカの反撃もなく、終わりを迎えてしまった。ヨーロッパのサッカーを初めて生で見たというのに、応援するチームが負けるとは、先が思いやられるスタートだった。一緒に観戦に行った友人はそのゲームを見てからスポルティングのファンになったと言っていたけれど、理由はサッカーに魅せられたわけではなく、ラグビーのユニフォームみたいな緑と白の横縞のシャツが気に入ったからだというものであった。私には、あのシャツの柄は嫌味にしか思えないのだが……。ラグビー式のユニフォームを着るなんて、エリート臭くて嫌なチームだと思う。私はシンプリー・レッド、単純に赤を着る庶民派ベンフィカが好きだ。

同じ下宿に暮らしていたその友人と家路についた。とにかく一刻も早く人ごみから離れるべし、という彼の忠告にしたがい、私たちは急ぎ足で近くにある地下鉄の駅まで向かった。しかし、負けゲームの後は気分だけでなく足も重く、早歩きは苦痛だった。下宿に着くと、大家さん夫婦が笑顔で迎えてくれた。アントニオは昔スポルティングのバスケットボール・チームの選手で、もちろんスポルティングのファンだった。テレビを見て結果を知っていたのだから、機嫌が良いのも当然だ（当時は切符が完売となった時点で、クラブ・チームはテレビ放送を許可していた）。そして、私の友人がスポルティング・ファンになったという告白を聞いてさらにうれしそうだった。私は正直にベンフィカ・ファンであることを告げた。嫌な顔をされるかと心配だったけれど、まったくそんなことはなくて、その後も嫌がらせを受けたりしたわけではなかった。外国人がどのチームを応援しようと、たいした問題ではないのだろう。むしろ、日曜日の夜に放映されていたスポーツ・ニュース「ドミンゴ・デスポルティーボ」が始まると、アントニオが必ず私の部屋のドアをノックしてくれるようになったくらいだった。ポルトガルのテレビ番組は夜八時のニュースを除き定刻通りに始まることはあまりなかったのだ。

もう一つの「クラシコ」

日曜日の午後になると、私はスタジアムに足を運ぶことが多くなった。ゲームはだいたい三時にスタートだったから、昼食をゆっくりと取り、それから下宿のすぐそばにあった停留所からバスに乗り、何回か乗り換え、エスタディオ・ダ・ルース（ルース・スタジアム）あるいはたまにエスタディオ・デ・アルバラーデへと向かった。

リスボンにはもう一つベレネンセスという伝統的なクラブがあるのだけれど、そのホーム・グラウンド、エスタディオ・ド・レステロには実は今も入ったことがない。口うるさい老人がいて、こんなところでサッカーなんか見て、仕事をしないでいると国が滅びるぞ、と脅すからではない。イタリア代表を思わせるようなシンプルな青いユニフォームはけっこう好きなのだけれど、それ以外にこれといったチーム・カラーがないのだ。ユニフォームの色をとって彼らは「アズイス」と呼ばれるが、それをイタリア語に訳せば「アッズーリ」（イタリア代表）だ。でも選手がハンサム揃いというわけでもないし、守備が堅いわけでもない。私にとり、リスボンのチームといえばとにかくベンフィカ、そしてずっと離れてスポルティングだ。

すでに言ったように、八四―八五年のシーズンはベンフィカにとって不本意なものだった。ベンフィカは二位のスポルティングより下の三位を低迷し――栄光のベンフィカにとり三位は「低迷」だ！――首位はずっとＦＣポルトだった。本音を言うと、私はリスボンという街より、ずっと小さくて落ち着いた感じのするポルトの方が好きだ。別に住民が働き者だからではない。ポルトガル南部の乾いた景色より緑の多い北部の風景の方が親しみがわくし、料理もおいしい。

私はポルトのドーロ川沿いのリベイラ地区でビーニョ・ベルデ（グリーン・ワイン）を飲みながらポルト風フェイジョアダ（豆と肉やソーセージを煮込んだ料理）を食べるのがすごく好きなのだ。そういえば、リスボンの有名レストランの料理人には北部出身者が多いと下宿のアナが言っていた。

しかし、サッカーとなれば話は別だ。リスボンとポルトの間にある醜いライバル関係についつい倣ってしまうのだ。だから、いつでもFCポルトは許せない存在である。強かったのは事実だ。そして残念ながら今もベンフィカよりずっと強い。だけど、ポルトガル王室の旗の色をそのまま使ったあの青と白の縦縞のユニフォームを見るだけで、私は機嫌が悪くなってくる。一九一〇年一〇月五日以降ポルトガルは共和国なのだぞ、そう言ってやりたくなる。しかも、スタジアムの外壁まで青と白で塗るところも、これ見よがしでわざとらしい。ベンフィカはベンフィカで赤く塗っているけれど、それはとても美しい。

私が初めてベンフィカのルース・スタジアムに足を運んだのは、八五年一月の対FCポルト戦だったと思う。一二万人を収容するヨーロッパでも最大規模を誇るスタジアムだ。中に入ると、美しさより大きさにまず圧倒させられてしまうのだが、私はすごく好きなスタジアムだ。スタンドに腰を下ろすと、幸福感さえ覚えてしまう。人口一〇〇万人の都市に何故一二万人収容のスタジアムが作られたのか、素朴で根源的な疑問からもついでに解放されてしまう。いや、その疑問にはきちんと答えておくべきかもしれない。答は簡単で、ポルトガル人は身の丈に合わない大きなものを作りたがる、ということだ。かつての植民地ブラジルが、その典型的な具体例だ。そして、それは隣の「大国」スペインに対するコンプレックスの裏返しなのだろう。もっとも、もう一つの大スタジアム、エスタディオ・デ・アルバラーデが目と鼻の先に聳えるのを見ると、二つのスタジアムを一つにして二大クラブで共有した方が合理的ではないのかという指摘には、さすがにどう反論してよいのか困ってしまうのだが……。

さて、ベンフィカ対FCポルト。これまた「クラシコ」すなわち伝統の一戦だ。当時の応援風景は今ほど派手ではなく、熱狂的なサポーター集団を含めて、赤いかたまりと青いかたまりがまだらに混ざって見える、といった感じだった。それでも、人々の興奮や期待感はひしひしと伝わってきた。私はそのとき、ゴール・ラインの延長線上にあたる席に座っていたように記憶する。ベンフィカにはまだ自力優勝の可能性がわずかだけれど残されていて、是非ともポルトを叩いておきたかった。最終的に優勝できなくても、ホームではポルトに勝ったという証を作っておきたかった。私はサポーター集団、「赤い悪魔」たちとともにベンフィカの勝利を祈った。

★

しかし、ゲームが始まると、力の差は歴然としていた。前年のヨーロッパ選手権の代表チームの核をなしたＦＣポルトのイレブンの方がずっとベンフィカ・イレブンを上回っていた。守備は堅かったし、中盤も厚いし、フォワードのパウロ・フットレのドリブルは早いし、ゴールデン・ブーツの男フェルナンド・ゴメスは機を見るに敏だった。アウエーであるにもかかわらず、ポルトの選手はのびのびとゲームを組み立てた。一方、ベンフィカは相手の攻撃の対応に追われ、思い通りのゲームができなかった。

とうとう後半、その晩年、Ｊリーグでも少しだけプレーしたパウロ・フットレのパスをゴメスがゴールした。さすがヨーロッパ得点王だった。ゴールが決まると、フットレは私の席の方へ走ってきて、金網によじ登り、ガッツ・ポーズをし、何か叫んだ。許せないシーンだった。でも、私もスタンドの客も歯軋りするのが精一杯で、そして選手も反撃するだけの気力を持ち合わせていなかった。ゲームは一対〇で、ポルトが勝った。勝利の雄叫びを上げるポルト・ファンの一団に向かって私のそばにいた中年のベンフィカ・ファンが大声を出した。「セルバージェンス！」。なるほど、ポルトの名物料理は臓物煮、臓物を食べるお前たちは「野蛮人」だということか。そして、リスボンの人たちはレタスを食べていれば栄養が足りてしまう文明人。でも、それではポルトに勝てないわけだ……。

冷静に見れば、悔しいけれど、ポルトの強さを認めないわけにはいかなかった。全体的にすごくソリッドな組織を築いていたのだ。それどころか、私はそのとき、FCポルトが五年以内にヨーロッパ・チャンピオンになるに違いないとさえ確信したのだった。同時に、私はその日ベンフィカの優勝を完全にあきらめた。私の留学生活は不調のベンフィカの歩みとともにけっして赤くは燃え上がらず、むしろ蒼ざめていった。

ところで八〇年代は、リーグ戦の優勝回数だけを見るとまだベンフィカの優位が続いていたのだが、次第にFCポルトのチーム強化策の妙が明らかになり、ポルトガル・サッカー界のへゲモニーが南から北へ移行しはじめた時代であったことも事実である。よく言われるように、サッカー界における南部のクラブから北部のクラブへのへゲモニーの移行は、七四年四月二五日に起こった「カーネーション革命」との関連が無視できない。というのも、その日までポルトガルは独裁的なサラザール体制下にあったのだが、「革命」により議会制民主主義が定着するようになると、首都リスボンがポルトガル全土に及ぼしていた一極支配体制が次第に崩れ、南による束縛から北の人々は解放されていったのだ。サッカーの世界を見れば、FCポルトの躍進だけでなく、ポルトガル・サッカー協会会長のポストがベンフィカ・スポルティング・ベレネンセスという「BSB」の関係者によって独占される時代も終わりを迎えたのだった。

また、リスボンのクラブによる一極支配の終焉と時期を重ねるように始まったのがポルトガル人監督の台頭だ。それ以前ポルトガル・サッカーを代表する監督といえば、オットー・グロリア（ブラジル人）やベーラ・グットマン（ハンガリー人）ら外国人監督で、彼ら外国人監督から言葉を習いポルトガル文化を豊かにすることが一つの目標だったのだが、「四月二五日革命」はポルトガル人の自信回復ももたらしたのだった。

リスボンによる支配の時代の終わりとポルトガル人監督の時代の始まりを身を持って示したのが、牛乳ビンの底みたいなメガネをかけ、いつもベレー帽をかぶっていた北の男ジョゼ・マリア・ペドロトである。一九二八年に生まれ八五年に死亡したペドロトは現役時代はベレネンセスやFCポルトで活躍し、代表でもプレーしたことのある優れた選手だった。引退後はフランスでコーチ資格を取得したのだが、その優秀な成績だけを見れば、フランス代表の監督になることだって可能だった。ペドロトは、まずユース年代の指導者として頭角を現し、一九六一年にはポルトガル・ユース代表をヨーロッパのチャンピオンに導いた。その後はシニアの監督となるが、行く先々の各クラブでフロントと衝突を繰り返した。しかし、FCポルトの監督に招かれると、同クラブを今も会長として率いるピント・ダ・コスタとのコンビで、七〇年代最後の二シーズンを連覇、八四年にはカップ・ウィナーズ・カップ準優勝までチームを導き（ユベントスに敗れた)、ポルトガル人監督でもヨーロッパの強豪を相手に戦えることを証明したのだった。

七四年から七六年まで代表監督を務めた時を含め、ペドロトは他人すなわちリスボンの有力者との衝突を恐れず、北部の利益を守るため自分の意見をはっきりと口にした。「私は北部を擁護する、なぜなら不当な差別の犠牲となっているからである」、「もしFCポルトの利益が損ねられたら、警察にだって行く!」、「首都リスボンに全権力を集中させる時代を終わらせる時が来た」……。こんなことばかり口にしたものだから、腹に据えかねたリスボンのクラブが代表チームに選手を送り出すことを拒否したことさえあった。ペドロトの大胆な発言の数々は「革命」後、政治家や活動家が用いた扇動やプロパガンダをサッカーの世界に応用したかのようだった。

ペドロトは審判批判だってお手の物、FCポルトの対戦相手が犯した反則が見逃されたときなど、「もし審判の判定でベンフィカやスポルティングが損をしたら、デモ行進が行われ政府退陣が要求されるだろうけれど……」と皮肉ったりもした。ポルトガルの南北問題、リスボンとポルトの対立を体現するような人物、愛憎のコントラストが激しいポルトの街にぴったりの人物だった。

七〇年代半ば以降、ペドロト監督がピント・ダ・コスタ会長と二人三脚で進めたFCポルトの機構改革は、ベンフィカとスポルティングの陰に長いこと隠れていたクラブの地位を大きく向上させた。クーデター的なクラブの体質改善、ベトナムのゲリラ兵士のような自己犠牲と狡賢さを選手に叩き込んだチーム強化、ポルトガル人監督への信頼確立、リスボンのクラブばかりが得をするサッカー界の中央集権制の打破、ペドロトの遺産は極めて貴重だ。ピント・ダ・コスタとペドロト、八〇年代そして九〇年代にFCポルトが見せた躍進はこの二人の存在抜きでは何も説明できない。

一九八五年一月七日、ペドロトは波乱万丈の人生に幕を下ろした。しかし、ペドロトは死の瞬間までFCポルトを胸に抱いていた。危篤状態になった彼の枕元には家族とピント・ダ・コスタら数名のチーム幹部がいた。その日行なわれたFCポルトの試合結果をペドロトが知りたがったので、一対〇で勝利したことを息子が伝えると、安心し、そして永遠の眠りについたという。

あきらめるのが早すぎる！

一六世紀半ば日本に西洋文明を伝えたポルトガルと日本の間には四五〇年間の友好関係があるといわれる。大使館で働いた経験から言えば、「四五〇年間の友好」と口にすればとりあえずその場の雰囲気が和む便利な外交辞令といった感じに思えた。けれど、その内実を見ていくと、「四五〇年間の空白」と皮肉を言いたくなるくらい、両国の関係は希薄だ。政府要人の往来も相変わらず少ない。

こんなことを言うと、反論する人がいるかもしれない。お前が留学している間にも皇太子夫妻（現天皇・皇后両陛下）がリスボンを訪問したではないか、と。その通り、八五年二月末、二人はリスボンにやってきた。ポルトガル人も日本の皇室の来訪を歓迎していた。そして、二人は在留邦人や日本・ポルトガル関係発展に貢献したポルトガル人を大使公邸に招待し、パーティーを催した。それが二月二四日だった。

留学生だった私のもとにも前もって招待状が届いていた。同じ下宿先にいた友人は、めったにない機会だからパーティーに行くと言っていた。しかし八五年二月二四日はポルトガル人と私にとり格別の日だった。私には他にどうしてもやらなければならないことがあったのだ。

ワールドカップ出場を果たすためにどうしても叩いておきたい最大のライバル、西ドイツとの試合をエスタディオ・ナシオナル（国立競技場）で応援しなければならなかったのである。その試合こそ、メキシコに行くための天王山だった。

国立競技場はリスボン郊外のジャモールの森にある。その広大な敷地では数多くのスポーツが楽しめ、キャンプ場もある。サラザール時代に建設されたものだけあって、スタジアムはファシストが好きだったギリシャ様式だ。ポルトガル人が二度と繰り返したくない時代の遺産という歴史背景を知らなければ、とても美しい競技場である。ただし、サッカーの国際試合を行う場所としては理想的ではないようだ。なぜなら、陸上用トラックがあるので、ピッチが客席から遠く、応援を近くに感じられないため、選手たちは国立競技場でプレーするのを好まないのである。

二週間前マルタ共和国の首都ラ・バレッタで行われたゲームで、三対一で無難な勝利を収めたポルトガルには楽観的な雰囲気が漂っていた。相手チームのことを「マルタ・シンパティカ」（いい奴ら）なんて駄洒落であつかう余裕もあった（ポルトガル語の俗語でマルタは「人の集まり」を意味する）。ホームだったにもかかわらず一対三で敗れた前年一一月のスウェーデン戦の悪夢を忘れさせる快勝だった。しかし、そこに心の隙ができたのかもしれない。西ドイツ代表監督ベッケンバウアーのポルトガル代表をおだてる外交辞令もポルトガル人の油断を誘ったのだろう。いざ蓋を開けてみると、ポルトガルの守備陣は西ドイツのフォワード、ルディ・フェラーとピエール・リトバルスキーにいいように振り回され、あっという間に二人にそれぞれ一点ずつ得点を許してしまった。若かった二人は本当に速くて、ポルトガルのディフェンダーはシャツを引っ張って止めようとしたけれど、それでも置いてけぼりを食わされたのだった。

失点シーンだけではなく、私はその時がっかりするような光景を目撃させられた。かなりの数の人たちが席を立ち、帰りはじめたのだ。まだ残り時間はたっぷりとあった。それなのに早くも勝利をあきらめてしまったのだ。これがポルトガル人なのだろうか？　私は信じたくはなかった。選手はまだ勝利のために全力を尽くしている（ように見えた）。それを簡単に見捨てる根性が気に入らなかった。私は西ドイツに圧倒される選手たちより、簡単にゲームを捨てるサポーターに腹が立った。日本人の私だってあきらめずに応援しているのだぞ！　こう言いたかった。

さらに、情けない気持ちになったのは、後半、ディアマンティーノのゴールで一点返すと、現金なことに、帰りかけた観衆がぞろぞろ戻ってきたことだった。だったら、途中で帰るようなことはするな、恥知らずめ！　私は罵声を浴びせたかった。しかし、残念なことに、ポルトガルの反撃は一点どまりだった。ホームで西ドイツに負ける、私たちの計算には入っていなかった。最悪でも引き分けなければならなかったのに……。タイムアップの笛とともに上空を見上げると、リスボンの空とメキシコの青空の間に亀裂が走って見えた。

ゲームが終わり、うなだれたポルトガル人選手たちはピッチ脇の地下通路へと重そうな足どりで進んだ。最後に残ったのが、中盤を作る名手ジャイメ・パシェコだった。彼はまだ二〇代半ばだったのに、すでに額のあたりがかなり禿げ上がり四〇過ぎのオヤジのように見えた。その彼の立ち去り際、私の後方にいた誰かが大声で、「ジャイメ、ジャイメ、ジャイメ、ジャイメ・パシェーーーーコーーーー」と叫んだ。とても悲しい響きだった。私は泣きそうな気分になった。そして、その声に応えるように、パシェコが右手を上げ、親指を立てるアメリカ式の仕草をしたときには、その不似合いの度合いにますます落ち込んでしまった。彼はまだ大丈夫だと言いたかったのかもしれないけれど、私の脳裏には「負け犬の遠吠え」という表現しか浮かんでこなかった。

私はいつものように要領が悪くて、スタジアムを出るのが遅れてしまい、砕かれた十字架を意味するクルス・ケブラダ駅に着いたときは、テージョ川に夕陽が沈もうとしていた。プラットホームではポルトガル人の少年数人がゲームについて大声で話していた。もう終わったな、メキシコには行けないだろう……。一人が言った。こいつらはエスペランサ・ケブラダ（砕かれた希望）だ、私は思った。すると、反対側にいたアフリカ系の少年が、まだ希望はあるさ、と小声で言った。私は彼の頼りなさそうな笑顔にうなずいた。まだ希望ある、その通り、あきらめるには早すぎるのだ。半年後に再開される残り試合に向け、チームを立て直せばいい。

それにしても、ベンフィカは勝てないし代表も敗れる、本場のサッカーを楽しみに来たはずなのに、なぜ私は屈辱に耐えてばかりなのだろうか、ポルトガル・サッカーは私に夢も希望も与えてくれないままではないか、黒ずんだテージョ川の水面を電車の窓から眺めながら、私は悲しくてしかたなかった。

敗北の余韻が消え去った頃、六六年W杯の英雄の一人ジョゼ・トーレス代表監督は、夢を見させてくれないか、そんな言葉をどこかの雑誌のインタビューで口にした。夢ならいくらでも勝手に見ればいい、それより私たちみんなの夢をかなえてくれないか、私はそう言い返したかった。

勝利への険しい道のり

八四―八五年のシーズンは結局FCポルトの優勝で幕を閉じた。チーム総得点七八点の半分を一人で挙げた点取り屋フェルナンド・ゴメスが二度目のゴールデン・ブーツ賞に輝いたのは敵ながら天晴れで、リスボンの人はあまり嬉しそうではなかったけれど、私も少し誇らしかった。そして、毎年六月一〇日「ポルトガルの日」に行われるポルトガル・カップの決勝戦でベンフィカが全ての怒りを込めてFCポルトを下し、優勝してくれたのもわずかだけれど幸福感をもたらしてくれた。当時ヒットしていたフォリナーの「アイ・ウォナ・ノウ」の歌詞をもじって、「勝利とは何か教えて欲しい、喜びとは何か感じたい」と口にしながら私はどこか落ち込んだりもしていたのだけれど、ただひたすら青白くなるだけのポルトガル暮し一年目ではなかったのだ。

夏休みはサッカーも休みで、私は九月の新しいシーズン開幕が待ち遠しくてしかたがなかった。八月半ばにもなれば外国チームとの練習試合もあるのだが、あくまでも調整のためだから緊張感もなく、やはりリーグ戦にはかなわない。アイルランド・リーグのチャンピオン、シャムロック・ロバーズを呼んできて五対〇でベンフィカが完勝しても、だから何なんだ?という感じだった。

八五―八六年のシーズンの開幕戦、ベンフィカはアウエーでスタートだったので、私は代わりにスポルティングの試合を見に行った。きっとサッカーによほど渇望していたのだろう。対戦相手は弱小ペナフィエル、一部と二部の間を行ったり来たりする北部のチームだ。

ゲームは一方的で、スポルティングの圧勝だった。エース・ストライカーのマヌエル・フェルナンデスが一人で五点も取った。私の隣に座っていたおじさんが「マネル・エ・ウマ・マラビーリャ!」と何度も叫んでいた。私も、マヌエルは最高だ、と思った。貧しい家庭に生まれたフェルナンデスは顔にその苦労をすべて彫りこんだような選手で、無骨なイメージがあったけれど、プレー・スタイルはわりとしなやかで、ドリブルもうまく、得点感覚に優れていた。彼はこのシーズン、その後も好調を維持し、三〇ゴールで得点王になったのだが、代表監督批判が災いし、ワールドカップには連れて行ってもらえなかった。フェルナンド・ゴメスと違って突破力のあるフォワードを使うべしという声もあったけれど、善良なるトーレス監督の寛容にも限度があったようだった。

その日は悪いニュースもあった。FCポルトのセンター・バック、エウリコが再起不能の負傷を試合中に負ってしまったのだ。ただでさえ脆いのに、これでポルトガル代表の守備陣は苦しくなった。まだワールド・カップの予選試合が三つ残っていたのだが、またもや希望が遠のいていくような気がした。エウリコはベンフィカ、スポルティング、FCポルトの三大クラブそれぞれでリーグ・チャンピオンになった強運の持ち主だったのに、ワールド・カップ出場を前に引退を余儀なくされてしまった。クラブ・レベルの勝利でサッカー人生すべての運を使い果たしてしまっていたのだろうか。

チェルナイ監督が去ったあとのベンフィカは、以前チームを率いたことのあるイギリス人ジョン・モーティマーを監督に呼び戻し、再起を目指していた。厳格な規律とハードな練習を要求するこの監督のおかげで、ベンフィカは面白味のないサッカーを展開しながらも、僅差で首位を走りつづけた。どのゲームも一対〇の勝利が多かった。スポルティング・ファンの友人たちからは、全員で守ってカウンター一発に賭けるつまらないサッカー、と揶揄されたりもした。もっともな批判だった。私も面白いとは思わなかったけれど、ベンフィカが勝ちつづけるのはうれしかった。

九月末にはチェコスロバキアでワールドカップ予選の試合が行われ、ポルトガル代表は〇対一で敗れた。アウエーでの敗戦だから折り込み済みではあったのだが、やはり気分は沈んでしまった（ホームでは勝っていた）。その頃調子の良かったリベイロという左利きのフォワードが期待の新星として使われたけれど、たいした効果はもたらさなかった。メキシコという文字がいよいよ霞んできた。

その日の夜、スウェーデンが地元で西ドイツと対戦した。私は下宿のテレビで観戦した。西ドイツの予選グループ首位独走はすでに既成事実、いまや敵はスウェーデンだった。西ドイツがこれまでの勢いどおり勝ってくれればポルトガルにもチャンスが出てくる。私はドイツ人の魂に期待した。そして彼らはゲーム終了間際まで私の期待に応え、二対一でリードしてくれていた。しかし、最後の最後で私たちの希望は踏みにじられてしまった。スウェーデンが同点ゴールを決めてしまったのだ。「マイズ・ウマ・ベス、アデウス・ア・メシコ」。もう一度メキシコにさようなら、実況アナが悲鳴ともつかぬ声をあげた。一緒にテレビ観戦をしていた私とアントニオはしばし黙り込み、それから私は一人夜の街に出て、どこかのバールでビールを飲んだ。受難の日々は続いた。

★

一〇月一二日エスタディオ・ダ・ルースで行われたマルタ戦も、三対二でやっと勝つという体たらくだった。私はそのゲームを見に行ったけれど、スタンドはガラガラで、会場整理のおじさんに、好きな所に座るがいいさ、と言われた。確かに、うまっている席は数えるほどだった。土曜日の午後に行われた試合なのに、酷すぎる応援風景だった。空席には、マルタとの試合なんか見ても意味がないという侮辱、マルタが相手なら勝てるんだからわざわざ応援に行く必要はないという油断、すでにメキシコ行きを半ば投げ出したあきらめ、色々な感情が渦巻いているように思えた。

得点経過だけを見ると、追いつ追われつの展開で、もし相手が西ドイツでもあったとしたら、名勝負と呼ばれることになっただろう。しかし、エウリコの代役を務めたフレデリコが自殺点を献上するなど、マルタごときに（失礼！）この様はないだろう、というのが観客の本音だったはずだ。私も苛立った。でも、同時に、私はマルタ戦のスタジアムの雰囲気がけっこう心地よかった。少人数ゆえの一体感というのだろうか、私は本当のサポーターの一人になれたような気がして、ちょっとうれしかったのも事実なのだ。

しかも、ゴールマウスを大きく外れた味方のシュートを走って取りに行くフェルナンド・ゴメスの真摯な姿勢には拍手が起こったし、コーナーキックを蹴るときには「フトゥボル、フトゥボル」あるいは「プルトゥガル、プルトゥガル」というコールが自然に沸き起こり、私も一緒に声を出した。「プルトゥガル」とは「ポルトガル」のことだけれど、このとき私はアクセントのない母音は弱化し閉じるという言語学の教科書の記述を思い出していた。こんな雑念が入るから、私の応援はなかなか選手たちに届かなかったのかも知れないが……。

だけど、幸運の星は最後は私たちに輝いてくれた。運命のあの日、一九八五年一〇月一六日、私たちは一旦は手放しかけたソンブレロをもう一度被り直すことになったのだ。

メキシコの悪夢

一九八六年、ポルトガルは二〇年ぶりにワールドカップの舞台に戻った。初出場にもかかわらず三位に輝いたイングランド大会では、ヨーロッパの片隅に位置する閉鎖的な小国に華麗なサッカーが存在することを世界に知らしめることになった。また八四年のヨーロッパ選手権でも三位入賞を果たしており、大舞台に強い国のはずだからけっこうやれるのではないか、「インファンテス」と命名された代表選手たちに対するポルトガル人の期待はいやでも高まっていった。

「王子」たちはイギリス、ポーランドそしてモロッコと同じグループに入った。サッカーの神様は粋な計らいをするもので、緒戦がイギリス、すなわち六六年大会の準決勝で敗れた相手だ。ポルトガル人は当然のように二〇年前に喫した敗北の雪辱を願った。いや、後から思うと、願いすぎたのかもしれない。九八年フランス大会の日本代表も緒戦対アルゼンチン戦のことを考えすぎたのかもしれないが、メキシコ大会のポルトガルも予選リーグ残り二試合さらにその後の決勝トーナメントのことはあまり考慮していなかったように思われる。

しかも、ポルトガルは大会が始まる直前、グラウンド外の珍事で世界中の失笑を買ってしまった。すでにメキシコ入りしていたにもかかわらず、サッカー協会と選手側が報酬の額をめぐって対立、選手たちが本番を直前にしながら練習をボイコットするという事態を招いてしまったのである。協会が提供してくれたトレーニング・ウェアには協会をサポートする企業のロゴが入っているという理由で、上半身裸で練習する選手まで現れた。ポルトガル代表チームの滞在先の地名に由来する、いわゆる「サルティィージョ事件」である。協会と選手、両者ともに譲らず、最後にはマリオ・ソアレス大統領（当時）までが発言せざるをえない状況になってしまった。大統領はメキシコに電文を送った。「平静、良識、対話の精神が頑迷さに勝り、国民が理解しえない状況を終わらせるべきである」。悪い夢でも見ているような気分になった。

確かに、当時のポルトガル経済は先進国のものとは思えなかった。それでもワールドカップ出場の報酬として一人五〇万エスクードというのは低すぎると思われた。当時のレートではおよそ一エスクード＝一円だったと思う。しかも内わけは広告費が二〇万エスクード、そして一試合につき一〇万エスクードだったのだ。さらに信じられないことに、日給が四〇〇〇エスクード（これならマクドナルドでバイトした方が良いくらいだ）、ベスト一六に入ると一人一〇〇万エスクードのボーナスが支給されるというものだった。これではプロ選手なら誰だって文句を言いたくなるだろう。

事態の展開に不安は感じたけれど、私は何となくポルトガルらしいエピソードだなと思い、こんなことをやっている方がむしろ本番では良いプレーをしてくれるのではないかと高を括っていた。しかし、ワールドカップはそんな甘いものではなく、結果として言えば、実戦の場に悪影響を残してしまったと言わざるを得なかった。

ポルトガル代表の監督ジョゼ・トーレスは六六年大会の主力選手の一人だった。六六年の代表はエウゼビオだけのチームではなかったのだ。「心優しき巨人」と呼ばれた彼は代表チームの中で誰よりもイギリスに勝ちたかったにちがいない。そしてベンフィカの後輩であるディアマンティーノとカルロス・マヌエルがその夢をかなえてくれた。ディアマンティーノのセンタリングをカルロス・マヌエルがオフサイドぎりぎりの位置からゴールに流し込み、その一点でイギリスを破ったのだった。ディアマンティーノの目は焦点が定まらないから、イギリスのディフェンダーはどこにパスが出るのか予測できず、失点を許してしまったのだと言ったポルトガル人がいた。確かにどの写真を見ても、彼の目はどこを見ているのかわからなかった。

二〇年越しの復讐はなり、前途は洋々に思えた。しかし、運は緒戦の復讐劇ですべて尽きていたのだ。第二戦のポーランド戦前の練習でGKベントが負傷し、残り試合の出場は不可能となった。サブ・キーパーのビットル・ダマスはハンサムでけっして悪い選手ではなかったが、彼もまたメキシコで運に恵まれなかった（当時ベントは三七歳、ダマスは三八歳、二人ともワールドカップ出場最年長選手のトップ・テンに入っているはずだ）。拮抗した好ゲームとなった対ポーランド戦では終了間際に失点し、敗北。そして二次トーナメントへの勝ち残りを賭けたモロッコ戦がやってきた。

なかなか点を取れない代表チームに対し、最大の議論の的となったのが左利きの超高速ドリブラー、パウロ・フットレの使い方だった。八〇年代ポルトガル・サッカー最高の選手。一人でゲームの流れを変えることができるプレーヤー。八四年のヨーロッパ選手権では一七歳と若すぎるからといって召集されなかった早熟の天才。全盛時はリーガ・エスパニョーラで一番の高給取りだった選手。彼を左サイドにおいて突破を図れば得点のチャンスは増えるが、同時に守備が弱体化する。守備を優先すれば、攻撃の切り札を温存することになる。このジレンマにトーレス監督は安全な方を選び、二試合を戦った。そして、一勝一敗、一得点。

巷では、攻めろ、ポルトガル！　の声が強まった。私は、攻めるな、ポルトガル！　と思った。いくら良い選手が揃っているとしてもポルトガル・サッカーには限界がある、攻撃的になると必ずカウンターで失点する、私たちは知っているはずではなかったか。だけど、きっと相手のモロッコをなめたのだろう、試合当日の朝刊には「いよいよ攻めるか？」という見出しが躍った。私は不吉な予感を抱いた。攻めないで欲しかった。相手が誰であれ、とにかくまずは守って欲しかった。

試合開始前のスターティング・メンバーを見るとフットレの名前があった。私はその時点で負けを覚悟した。ポルトガルは攻めてはいけないのに……。案の定、ポルトガルは「アフリカのブラジル」と呼ばれたモロッコ攻撃陣に簡単に左右の揺さぶりを許し、最後は九本のパスをつながれ次々と失点を許し、一対三で負けてしまった。ポルトガル代表の首脳陣は、モロッコがフランス・リーグに名選手を輩出してきた国だったことを忘れていたのだろうか。

終わってみれば、グループリーグ最下位。あっけなくポルトガルのワールドカップは終わった。私の悪い予感は当たってしまい、夢は果てた。

翌日のスポーツ新聞には、前年に引退を余儀なくされたエウリコの「敗戦の予想が当たってしまって悲しいよ」というセリフと悲しげな表情の写真が掲載されていた。彼もまたフットレのスタメン起用に反対していたのだった。長く代表チームの守備ラインを支えながらも、目の前でサッカー選手としての最大の栄誉を逃した人物が、メキシコでの本当の戦い方を知っていた。

クラブ世界一となる

日本に帰っていたから八六―八七年のシーズンの大部分は私にとって空白だ。でも、八七年四月リスボンに戻ると、ＦＣポルトがヨーロッパ・チャンピオンズ・カップで快進撃を続けていたのは、ベンフィキスタとはいえ私は嬉しかった。いくらライバルでも、ポルトガル・サッカーを代表するクラブが海外で活躍するのを不快に感じるほど私は心の狭い人間ではない。ＦＣポルトは二年前の私の予感を実現してくれそうな雰囲気だった。今回は仕事のためのリスボン滞在だったので、留学時代より時間が自由にならず、スタジアムに足を運ぶ機会は減ってしまったけれど、逆にテレビ中継の回数が増えたので、自宅のブラウン管の前で声を張り上げることが多くなった。

ＵＥＦＡの試合に力を入れると国内リーグはおろそかになるらしく、そのシーズンＦＣポルトは結局二位に甘んじ、わがベンフィカがモーティマー監督のもと三年ぶりの優勝を飾ることになった。けれど、私がリスボンに着いてすぐにＦＣポルトが、あのロバノフスキー監督率いる強豪ディナモ・キエフを破ったのには心から感動を覚えた。国際試合で点を取れないと批判されていたフェルナンド・ゴメスが敵地キエフでゴールを決めたのも喜ばしい驚きだった。彼は味方がペナルティー・エリア内にボールを持ってきてくれれば確実に点を決めることのできる選手だった。だが代表の試合になると、ポルトガルは守備的になるからどうしても得点する機会を減らしてしまうのだった。当時ミッシェル・プラティニはゴメスにはあまり好意的な評価を与えていなかったけれど、ポルトガルという国の事情を考慮すれば、彼のストライカーとしての能力を認めざるを得なかったはずだ。

バイエルン・ミュンヘンとの決勝戦は五月二七日、ウィーンのプラター・スタジアムで行われた。一部のポルトガル人を除く誰もがバイエルンの勝利を信じて疑わなかった。予想通り、前半はバイエルンのもの、そして二四分にはその日絶好調だったコーグルに先制された。しかし、ハーフタイムに監督のアルトゥール・ジョルジュ（名門コインブラ大学の卒業生で、詩集を一冊出している）は選手たちにこう言ったという。「我々は時間を無駄に費すばかりだが、今日は人生最大のチャンスの日なのだ。みんなピッチの上で実力を発揮してこい！」。この言葉で選手たちは別人のように生き返り、後半はＦＣポルトのゲームとなった。

そして七八分、右サイドにいたパウロ・フットレからパスを受けた元アルジェリア代表マジェールがチャンピオンズ・カップの歴史の中で最も美しいゴールの一つ、あのヒール・シュートを決めたのだった。ポルトガルで「カルカニャール（かかと）」といえば、その日まではもちろんアキレス、でもあの日からはマジェールだ。その直後、今度は左サイドにいたマジェールのパスをブラジル人ジュアリ（小柄でチョコチョコ動くので「ネズミ」といわれた）が決め、残りの一〇分間をパーティーのように楽しみながらポルトは勝利を収めたのだった。二三年ぶりにポルトガルにチャンピオンズ・カップがやってくる。私はテレビ画面の前で小躍りした。

翌朝、職場の同僚たちに、おめでとう、ヨーロッパ・チャンピオンだね、と言ってみたら、冷ややかな視線が帰ってきた。なるほど、リスボンとポルトの関係はこういうものなのだ、私はまた一つポルトガルについて学ぶことができた。都市と都市の代理戦争、ヨーロッパのサッカーはこうでなければいけない。

八七年のトヨタ・カップについては記憶されている方も多いだろう。豪雪の中のゲーム、でもはっきり言ってサッカーには見えなかった。南米代表のペニャロールに勝ったとはいえ、勝利の実感はなかった。ヨーロッパにいると、いや、ポルトガルにいると、トヨタ・カップのありがたみというのは半減し、その勝敗はどうでもいいものに見えてしまうのだった。むしろポルトガルにいる日本人の方が騒いでいるようにさえ思えた。そもそもポルトガルではトヨタ・カップという呼称を知る人は殆どおらず、「インターコンティネンタル・カップ」にあたる表現「タッサ・インテルコンティネンタル」が使われるだけで、人々の関心も薄かった。

夢を見させてくれそうだ……

チャンピオンズ・カップにおけるFCポルトの勝利により、八〇年代末ポルトガル人プレーヤーがヨーロッパの大クラブで活躍するケースが次第に増えた。それ以前は、ポルトガル人は外国では活躍できないという評判が定着していたのだが、ルイ・バロスやパウロ・フットレのイタリアやスペインでの活躍はイメージ・チェンジに大きく貢献した。だが何よりポルトガル・サッカーの国際的評価を変えたのは、八九年サウジ・アラビアで開かれたワールドユースでの優勝だろう。

七九年日本で開かれた第二回ワールドユースでベスト・エイトに入ったように、七〇年代にそこそこの成果をあげたポルトガルの若手養成だったけれど、カルロス・ケイロス監督が八〇年代に行った革命的な若手養成プログラムの中から育った選手たちは、ケイロス監督に植えつけられたポルトガル人らしくない勝者のメンタリティーを持ち、八九年大会の準決勝では優勝候補ブラジルを、決勝ではフィジカルに優れたナイジェリアを破り世界一に輝いたのだった。そのときのメンバー表を見ると、今もA代表で活躍するジョアン・ピント、パウロ・ソーザらの名前が見える。

二年後、今度は地元で開かれたワールドユースでポルトガルは二回連続で世界チャンピオンの座についた。八九年、九一年の大会で大活躍した選手たちはそのまま成長できるか懸念された時期もあったけれど、海外の大クラブにはばたき、いまや二〇〇二年ワールドカップにおける優勝候補の一角に数えられるところまでポルトガル代表を強くしたのである。

冷静に振り返れば、一九八〇年代はポルトガル・サッカーにとり史上最も実り多い一〇年間だったといえるのではないだろうか。FCポルトは八四年にカップ・ウィナーズ・カップで準優勝し、八七年にはヨーロッパ・クラブ・チャンピオンさらに世界クラブ・チャンピオンに輝いた。ベンフィカは八三年にUEFAカップ準優勝、八八年と九〇年の二回チャンピオンズ・カップで準優勝した。代表は八四年にヨーロッパ選手権、八六年にはワールドカップに出場した。そしてユース代表は八九年世界一の栄冠を勝ち取ったのだ。

海外では実力に相応しい評価を受けることはなかったけれど、ルイ・ジョルダン、マヌエル・フェルナンデス、アントニオ・オリベイラ、フェルナンド・シャラーナ、ジョアン・アルベス、ウンベルト・コエーリョ、カルロス・マヌエル、ディアマンティーノ、ジャイメ・パシエコ、それぞれ偉大な選手で、ベンフィカ、スポルティング、FCポルトで素晴らしいチームを作っていた。惜しむらくは、FCポルトを除くリスボンの二大クラブが八〇年代の遺産を後に食いつぶすだけになってしまったことだ。さらにポルトガル・サッカー協会が八〇年代の第二期黄金世代と次の黄金世代との間を上手に橋渡しできなかったことだ。

ポルトガル・サッカーが世界からまた注目を集めはじめ、そして選手たちが海外で活躍しはじめようとしていた八九年末、九〇年代のポルトガル・サッカーはかなり夢を見させてくれそうだ、そんな期待を胸に抱きながら、私はひとまずポルトガルに別れを告げたのだった。

Ⅱ フットボールがやってきた！

Chegou o "Football" !

「サッカーがなければ、ポルトガルにはファドしか残らないだろう——悲しくて、追憶とかなわぬ恋にのみ生きてゆくのだ」

フェルナンド・ソブラル
（ジャーナリスト）

キックオフはいつ、どこで?

かつてバーナード・ショーは「文明国の男たちが女性を殴ったり蹴ったりするのを防ぐただ一つの方法は、彼らがボールを叩いたり蹴ったりするゲームを作ることだけである」と言ったという。するとイギリス人の偉大さは、誰よりも早くそこに気づき、一〇〇年以上も前にサッカー=フットボールを「発明」したこととなるのだろうか。そして文明化の流れが世界を隅々まで覆ってゆくにつれ、地球全体で人々がサッカーを必要とするようになったということなのかもしれない。

今さら言うまでもないことかもしれないけれど、サッカーの発祥の地はイギリスで、一九世紀末、七つの海を支配していたイギリス人が世界中の港町にサッカーを伝え、その後、各地で鉄道の線路沿いに内陸部へと普及していったのである。もちろんポルトガルのサッカーもイギリスに起源を持つのだが、最初にサッカーをもたらしたのはイギリス人ではなく、イギリスの名門校に留学していたポルトガルの名門家の息子たちだった。すなわち彼らがお土産の一つとしてサッカーのボールとルールさらに情熱を持ち帰った、この点においてはポルトガル・サッカーの歴史を研究する誰もが意見を一致させるのである。それは、イギリス系ブラジル人青年が母国留学の土産にサッカー・ボールを持ち帰り、地元の仲間たちとプレーしはじめたのがブラジルにおけるサッカーの起源だといわれる話を思い出させるような経緯でもある。

地図を見るとわかるように、ポルトガルは長い海岸線を持ち、港もたくさんあるけれど、代表的な港となれば、首都にあるリスボン港と、街の名前がそのまま「港」を意味するポルト市の港だろう。この二大都市にはほぼ同時にサッカーがもたらされたが、地域エゴ剝き出しの議論を脇におけば、リスボンの方がほんのわずか先にキックオフの笛を聞いたようである。単に誰かがボールを蹴ったということなら、他の港町の方が先行していたかもしれない。けれどゲームとしてのサッカーという意味においては、リスボンで最初のポンタペー・デ・サイーダ（キックオフ）の笛が吹かれたという点で、歴史家たちの見解はほぼ一致しているのだ。

年は一八八八年、ポルトガルではすでに国家の「衰退」が真剣に論じられ、実際に都市部には退廃の雰囲気が漂っていた頃だ。海外領土はおろか本土さえ開発する能力を持たない植民地大国ポルトガルは、実質的にはすでにイギリスの政治・経済的植民地に成り果てていた。そして腐敗しきった無力の君主制に対し、新興勢力たる共和主義者たちが蜂起しようとしていた。一八八八年といえばまた、ポルトガル近代文学の泰斗エッサ・デ・ケイロスの名作『マイア家の人々』の初版が出版された年でもある。慎ましやかなベル・エポック時代の社会的退廃を告発する小説だった。

場所はリスボン郊外、美しい海岸で知られる貴族的な街カスカイス、同年一〇月、ポルトガルで初めてサッカーがプレーされた。いくら海岸は美しくても、地面は石ころだらけ、メンバーは全員で午前中ずっと砂利ひろいだった。驚いたことに、参加したメンバーがはっきりと写った写真が今も残されている。少年から壮年の男性まで合わせて二三名、もちろん揃いのユニフォームなど着ておらず、全員が思い思いの普段着でしかないのが時代を感じさせてくれる。現代の感覚からすると、彼らはどう見てもサッカー選手には見えないし、その晴れ晴れとした表情は輸入されたばかりの新しい娯楽に単に興じただけといった感じだった。イギリスではすでにプロ化が検討されていたけれど、もちろんリーグ戦の発足やプロ化なんてことが彼らの頭の片隅にもなかったこともよくわかる。二三人全員の名前もちゃんと残っており、「子爵」の称号を持つ人が二人いるところに、初期のサッカーが貴族の娯楽だったことが見て取れる。

一八八八年一〇月ポルトガル最初のサッカー、メンバーの中心的存在はピント・バスト家の三兄弟だった。一八八六年イギリスのカレッジ留学からサッカー・ボールを持って帰国したエドゥアルド・ピント・バストとフレデリコ・ピント・バストの二人は、もう一人の兄弟ギリェルメ・ピント・バストにサッカーを教え、次第に仲間も増やし、ついにサッカーをポルトガルの地で初めてプレーして見せたのだった。パイオニアたるピント・バスト兄弟はこの先もずっと、ポルトガル・サッカーの発展において重要な役割を果たしていくことになる。

とはいえ、一八八八年一〇月のサッカーは仲間うちの遊びでしかなかった。そこで最初のサッカーの「マッチ」となると、翌年一月二二日、今は闘牛場が聳え立つリスボンのカンポ・ペケーノ地区で行われた試合がその名に相応しいだろう。当時はゲームを意味する「ジョーゴ」というポルトガル語の単語の使用は二次的で、英語の「マッチ」が普通であり、ポルトガル人チームとポルトガル人・イギリス人混成チームの対戦だった。他の国の港町と同じく、リスボンでもサッカーの伝道師イギリス人は現地の人々に混ざってプレーしながらサッカーを伝えていたのだ。当時のポルトガルとイギリスのサッカーのレベル差を考えれば、混成チームの方が勝ちそうなものだが、意外にもその時はポルトガル人チームが勝利したのだった。ピント・バスト家からは五人の選手がポルトガル人チームに参加し、その勝利に大きな貢献を果たした。

このときも選手たちは普段着だったけれど、全員がお揃いのキャップをかぶっていたところを見ると、当時のサッカーの流儀に倣い、ちゃんと前もって準備していたのだと思われる。それに比べ、イギリス人の方はキャップをかぶっていない選手もいれば、背広姿で山高帽にステッキなんていう人もいて、本当にサッカーをやったのだろうかと想像させるくらいなのである。またこのゲームの様子を描いたイラストを見ると、観衆は馬車に乗った紳士や淑女など特権階級の人々が主だったことがわかる。

紳士・淑女と同じく、サッカーはまだ庶民には手の届かない高嶺の花だった。

反英ナショナリズムを越えて

サッカーが初めてプレーされて間もない一八九〇年一月、ポルトガルでは歴史に残る大事件が起こった。「ウルティマート」すなわち「最後通牒事件」である。アフリカにおける植民地分割で利害が対立したポルトガルに対し、植民地大国イギリスが難癖をつけ、脅迫したのである。七つの海を支配するイギリスを前にしたとき、すでに衰退が論じられていたポルトガルには抵抗する術はなかった。ポルトガルは独り善がりと思い上がりで夢想したアフリカの「バラ色地図」を断念し、イギリスよりずっとランクの低い植民地国家の地位に甘んじることになったのだった。

困ったときには必ず助けてくれるはずと信じていた同盟国に裏切られ、事件直後には北から南まで、上流階級も平民も、ポルトガル社会には反英ナショナリズムが沸き起こり、「ブリティッシュ」な香りのするものはすべて忌避されるに至った。もちろんサッカーにも白い目が向けられ、ボールを蹴る者は敵視さえされたのだった。そのせいだろうか、一八九〇年と九一年はサッカー熱の勢いがそがれたらしく、ゲームに関する記録はまったく残っていないのである。サッカーに対する嫌悪感情は言葉遣いにも反映され、中産階級の人々はサッカーを「ジョーゴ・デ・ポンタペー」（キック・ゲーム）、貧しい人々は「ジョーゴ・ド・コイセ」（後ろ蹴りゲーム）と侮辱を込めて呼ぶようになった。

だが、時の国王ドン・カルロスは良識と冷静さを持って政治とスポーツの区別を守り、周囲の批判を恐れずサッカーの試合の観戦に何度も足を運んだ。すると、次第に反英感情から生まれた反サッカー感情も鎮まり、サッカーは息を吹き返した。ドン・カルロスをポルトガル・サッカーの父と見なす人が多いのも当然である。サッカーはいずれポルトガルにおいて「スポーツの王様」と呼ばれるようになるが、王様好みのスポーツだった過去を振り返れば、そうなるのは宿命だったようにも思えてくる。

九二年冬になると、いくつかのチームが総当たり戦を行うなど、ウィンター・スポーツとしてのサッカーの「シーズン」が早くもリスボンで定着を見ていた。ポルトガル・サッカーはカスカイスでキックオフ、だがサッカーが本当に根づき、ゲームが繰り返し行われるようになったのはリスボン西部のベレン地区だ。そして、ベレンからリスボン全体に、さらにポルトガル全体に広がったと言うことができるだろう。

さて、ポルトガル・サッカーについて私たちが現在抱くイメージは激しい接触プレーは避け、むしろテクニックの誇示が優先されるというものだが、一九世紀末はまだサッカーの起源を反映し、かなり荒っぽいプレーの連続だったと伝えられている。つまりポルトガル・サッカーの「らしさ」を語れる時代ではなかったのだ。しかも選手がクラブからクラブへ、いとも簡単に渡り歩いていた時代で、チームの「顔」といえるような選手もいなかった。クラブ間に剝き出しの敵意もなく、一方のチームが試合開始の時刻を間違えてゲームをすっぽかしたとしても、喧嘩になどならず、両チームがもう一度時間を調整し、その日のうちに試合を行うなんてこともあったのだ。

ところで、リスボンで起こったことは、ポルトガル第二の都市、北部の港町ポルトでも見られた。イギリスで教育を受けたジョゼ・ベイレス・バレとアゼベド・カンポス兄弟が帰郷するときサッカー・ボールを持ち帰り、それからポルト在住のイギリス人の力を借り、人々にサッカーのルール、プレーの仕方を教えたのである。そして一八九三年九月二八日にはポートワイン輸出業者アントニオ・ニコラウ・ダルメイダによりポルトガル三大クラブの一つFCポルトがリスボンの二大ライバルよりずっと早く創設された。九月二八日はドン・カルロス国王とアメリア王妃二人の誕生日、ダルメイダは根っからの王制主義者だった。その他オポルト・クリケット・クラブ、レアル・ベロ・クラブ・ド・ポルトでもサッカーがプレーされていた。リスボンのチームもそうだが、ポルトでもイギリス人がどのチームにも混ざっていて、サッカーの普及に大いに貢献した。

さて、一八九三年九月二八日、リスボンのある地方新聞が「フットボール・クラブ・ド・ポルト」の誕生をさっそく報道した。もちろん現在のFCポルトだが、当時はまだFCの部分は完全に英語で、英語をポルトガル語化した今の「フトゥボル・クルーベ」ではなかった。このポルトガル語は中途半端で、文法的に正しくしたければクルーベ・デ・フトゥボルとすべきなのだろうけれど、サッカーの母国の言葉に敬意を表しているのか、あるいは単なる英語かぶれかもしれないが、とにかくポルトガル語のサッカー用語の中では許される表現となっている。ちなみに、FCポルトの創設メンバーの多くは、やはりハイソサエティーの人々だった。

第二の都市にクラブ・チームが生まれれば当然の反応だろうが、記事を書いた記者はさっそくFCポルトとリスボンのチームが対決するよう求めた。それに応え、FCポルトの初代会長アントニオ・ニコラウ・ダルメイダはすぐにリスボン最初のクラブ・チーム、クラブ・リスボネンセの会長に書簡を送り、同チームをポルトに招待した。目端の利くリスボネンセ会長ギリェルメ・ピント・バストは、その試合をスポーツ愛好家として知られる国王に主催してもらうことを思いついた。サッカー観戦を好み、試合後は選手とその日の出来栄えについて論じ合うこともしばしばだった国王は、そのゲームを「ポルト・リスボン」と銘打ち、エンリケ航海王子生誕五〇〇周年公式行事の一環とするため、九四年三月二日に行うことを条件として提案を受け入れた。勝者には「カップ・デル・レイ」（国王杯）が渡されることも決まった。

先見の明があったというよりは、イギリス人をたくさん使うという安易なチーム強化策を避けるためだったのだろうが、国王は、現在の外国人制限ルールを思い起こさせるかのように、各チームの選手の半分以上はポルトガル人でなければならず、しかもその街に少なくとも三ヵ月は暮らしていなければならないという規則を定めた。また国王は、結局実現されなかったものの、いずれは主要都市間の対抗試合を毎年開くつもりだったらしく、そのカップには「ポルトガル・サッカー都市対抗戦」と彫られていたのである。さらに、ワールドカップのジュール・リメ杯と同じく、国王杯は三回優勝したチームが永久保持することにもなっていた。

試合当日、国王のポルト到着は大群衆によって歓迎された。すでに共和主義者の勢いは増していたけれど、サッカー場にかぎって言えば国王の人気は落ちてはいなかった。「ビーバ！」「万歳！」の叫びを聞けば、まさか一四年後自分が暗殺され、一六年後には王制そのものに終止符が打たれることになろうとは、国王も王妃も夢にさえ思わなかったことだろう。ただし、国王夫妻を迎えたイギリス領事が二人と並んで観戦したことに対しては、当時のメディアはかなり批判的だった。ポルトガル国民に屈辱を与えた「ウルティマト」は四年前の出来事だった。

リスボン代表チームは、今なら特急を使えば三時間で行けるところを電車で一四時間もかけてポルトにやってきた。試合会場はポルトのクリケット場、結果は一対〇あるいは二対〇でリスボンの勝利だった。何故二つの結果が残されているのか。原因は国王一行の遅刻にある。さすがポルトガルといっては叱られそうだが、実は国王一行は正確な試合開始時刻を知らされておらず、そのせいで到着が大幅に遅れ、国王が姿を見せたとき試合はすでに終了間近だった。その時は一対〇でリスボンがリードしていた。しかし、国王の到着を知ると選手たちは予定の六〇分（三〇分ハーフ）を延長し、さらに一〇分間プレーし、その間にリスボンが追加点をあげたのである。だから二つの結果があるのだ。そして、もしどちらかの結果を選ぶとすれば、共和主義者なら一対〇、王制主義者なら二対〇を選ぶことになるのだろう。いずれにしても、今みたいに規則にがんじがらめの時代からは想像もできないような柔軟さだった。

また、プレーした選手たちの名前を見ると、どちらのチームにもイギリス人のほうがポルトガル人より多く、国王の命令は無視されたようだが、それでもゲームは成立している。遅れてきてなおも約束違反に目くじらを立てるほど図々しい国王ではなかったということなのだろうか。なおFCポルトはこのゲームを終えると一度活動を停止してしまい、クラブとして復活するのは一九〇六年のことだった。活動停止の理由は、ニコラウ・ダルメイダ会長の妻が当時の女性の御多分にもれずサッカーが嫌いだったからだと言われる。

一九世紀末、闘牛と違ってサッカーはまだ裕福な人々のスポーツで、観客も大部分はその家族や友人たちだった。しかし、一八九四年三月二日、リスボンとポルトの二チームがドン・カルロス国王杯を競って戦った試合をきっかけに、サッカーは次第に庶民の間でも浸透しはじめた。一年後の一八九五年になると、リスボンやポルトの若者たちは完全にサッカーの虜になっていて、冬場の毎週日曜日、彼らはサッカー場に足を運んだ。二〇世紀、サッカーは爆発的な人気を博すことになるが、一九世紀最後の一〇年間はその下準備の期間だったのだ。ちなみに、ポルトガルで日曜日がサッカーの日となったのはカトリックにとり聖なる日だから。一方、英国国教会の聖なる日は土曜日で、イギリス人はもちろん土曜日にプレーしたがった。結局は多数決で日曜日がサッカーの日となったのだが、この曜日の問題でチームが分裂したこともあったという。

ただし、ボールは高価な貴重品だった。ゲームは主にリスボンとカスカイスの間にあるカルカベロス、クルス・ケブラダ（現在は国立競技場がある）、ベレンで行われていたけれど、今みたいな立派なスタジアム、きれいな芝のピッチなんてもちろんなかったから、選手たちはでこぼこの地面の上でボールを追っていた。専用の着替え室もなく、下着姿で通りを横切る選手たちの姿が道行く淑女たちの顔をしかめさせたりもした。

スタンドだってなくて、興奮した観客がピッチ内に入ってきてしまうなんてこともよくあった。したがって、観客の監視はいつも頭痛の種で、対戦チームは警察官を雇ったりもしたのだが、まだ入場料を取っていなかった時代だから、試合後帽子の中に寄付金を募り、そのお金を警察官に払うのが慣わしだった。選手に給料を払う前に、ゲームの「収益」はまず警察官に支払われたのだった。選手自らが「ゴールを背中に」背負って歩いた時代では、実際はゴールさえなくて、着替えた服をゴール・ポストに見立てて使うこともしばしばだった。キーパーはゴールだけでなく、選手たちの服装も守らなければならなかったのだ。

当時の新聞記事を読むと、サッカー用語がどれもまだ英語で、「マッチ」、「フットボール」、「フットボーラー」、「ゴール」、「キャプテン」、「チーム」、「ゴールキーパー」、「バック」、「ハーフバック」、「フォワード」などの単語が頻繁に見られた。サッカー用語がポルトガル語化して定着するには、半世紀以上の時間が必要だった。

★

ベンフィカとスポルティングの誕生

二〇世紀になると、サッカーはすでにポルトガル社会に根を下ろしていたと言ってよいだろう。サッカーは最高のスペクタクルで、闘牛はもはや二の次だった。身分はまだアマチュアだったとはいえ、単にプレーを楽しむだけでなく、選手たちには勝敗へのこだわりも芽生えはじめ、一度負けたチームはすぐに相手に雪辱戦を要求するようになっていた。それまではあまりサッカーを記事にしなかった新聞も、サッカーを取り上げることが次第に増えていった。

そんな時代、リスボンの二大クラブ、ベンフィカとスポルティングが誕生した。正式名称はそれぞれスポルト・リスボア・イ・ベンフィカ、スポルティング・クルーベ・デ・ポルトガル、今でこそベンフィカは庶民派クラブ、スポルティングはエリート的クラブと言われるが、スタートはやはりどちらも上流階級の人々により形成され、やがて異なる道を歩みはじめたのである。まだ王制だったポルトガルらしい、二大クラブの誕生ストーリーを手短に見てみよう。

一九〇四年二月二八日、ベレン地区のある薬局で「グルーポ・スポルト・リスボア」（リスボン・スポート・クラブ）が創設された。それは二つのチームが合同で練習し、一つのクラブになった日であり、現在ベンフィカがクラブ創設の日付けとしてクラブ史に記載している日である。サッカーは上流階級に属する人々の娯楽だったが、だからといって裕福な家柄のすべてに受け入れられたわけではなかった。したがって、サッカーのせいで家族からさえも狂人呼ばわれし、人目につかないように民家の裏庭でプレーする若者たちもいたのだが、スポルト・リスポアはそんな若者たちが作ったクラブだった。彼らの多くは良家の子息たちで、近所のチームとゲームを繰り返していた。本業は医者、画家、彫刻家、建築家、教員など、社会的な地位は高かった。しかし、いくら家が裕福でも家族の理解を得られなかった彼らはけっして豊かではなく、ボールを買うにも借金をし、特に練習場所を確保するのにはいつも苦労していた。

シャワー室も練習場所も満足にないそんなクラブの選手たちにとり、そのどちらも揃えたクラブから声がかかれば、クラブを代えることに何をためらう必要があるだろうか。選手が条件の良いチームを選ぶのは今も昔も変わらない。実際、スポルト・リスボアの創設メンバーの中からはもっと裕福なチームから誘われると、クラブを離れてゆく者が後を絶たなかった。主力選手を失ったクラブは文字通り存続の危機に立たされ、実際スポルト・リスボアは終わったと考えた人もいたのだが、危機に立ち向かいプレーしつづける選手たちが二軍チームから現れたのだった。

すると、間もなくして一度はクラブを後にした選手たちも、意気に感じるところがあったのか、古巣に戻ってきた。そして、一九〇六年七月に創設され、必要施設を備えていたスポルト・クルーベ・ベンフィカ（ベンフィカ・スポーツ・クラブ）と合併し、クラブ名称を折衷的なスポルト・リスボア・イ・ベンフィカとし、同時にリスボン・サッカー発祥の地ベレンを離れ、ベンフィカ地区のチームとなったのだった。それが一九〇八年のことだったという。ただ、新しいクラブになったものの、やはりグラウンド賃貸料を払うのは容易なことではなかった。二つの金庫を足してみても、十分なお金などどこにもなかったのだ。ところが、あるソシオ（会員）が家に飾ってあった高価なスープ壺をつかみ、その売上金で賃貸料を払ってくれ、クラブは救われた。栄光のベンフィカは危機から逃げずサッカーをプレーしつづけた勇気、そして気前の良さに支えられ産声を上げることができたのだった。

以上は実は表向きの美談で、「秘話」とも言うべきもっと現実的な第二の物語がある。それによれば、グルーポ・スポルト・リスボアは誰の支援も得られないまま、一度は本当に解散したのだった。そのとき選手たちにはベンフィカのあるグループ（おそらくスポルト・クルーベ・ベンフィカだろう）から一緒になってスポルト・リスボア・イ・ベンフィカというチームを作らないかという誘いがあったのだが、別のクラブがもっと良い条件を提示したので、彼らはそちらへと移っていった。しかし、その新しいチームでレギュラーにしてもらえなかったある選手が上述したベンフィカのクラブに転がり込み、勝手にスポルト・リスボア・イ・ベンフィカというクラブ名の使用を許してしまったのである。

もしこの第二の説明の方が正しいとすると、スポルト・リスボア・イ・ベンフィカとスポルト・リスボアは名称の一部と一人の選手を除けば、全く無関係ということになってしまう。ベンフィカ・リスボンは現在、スポルト・リスボアが創設された一九〇四年二月二八日をクラブ誕生の日付として公式の記録に残しているが、こちらの説にしたがえば、それはほぼ偽りということになってしまうのだ。

以上二つがベンフィカ・リスボン誕生の経緯に関する説明である。関係者がみんなすでに死亡してしまった今となっては、どちらが真実なのかは確認のしようがない。私はより人間臭くて創設の日付も曖昧にしてしまう二番目の説明の方が庶民派のベンフィカには相応しい気もするのだが、もちろん現在クラブのいかなる歴史にも記載されてはいない。だから、ベンフィカの創設の日はあくまでも一九〇四年二月二八日なのだ。

ところで、私はかつて「スポルト・リスボア・イ・ベンフィカ」(スポート・リスボン・アンド・ベンフィカ)というクラブ名に不自然な響きを感じていたのだが、その原因「イ」(＝アンド)が存在する理由は、以上見てきたように、二つのチームが一緒になったからだったのだ。二つのクラブが一緒になったとき、ユニフォームはスポルト・リスボアの赤が採用されたが、エンブレムには鷲(スポルト・リスボア)と自転車の車輪(グルーポ・スポルト・ベンフィカ)が描かれるようになった。二〇世紀最初の一〇年間にして王制最後の一〇年間の出来事、その後の栄光の数々など誰も思いもしない時代だった。

一方、スポルティングは文字通り貴族的な出自を持ち、ベンフィカのようにドロドロした裏話めいた説明もない。クラブの歴史は、一九〇二年夏、避暑地ベーラスにスポルト・クラブ・デ・ベーラスというクラブが誕生したときに始まる。メンバーは上流階級の人々だった。したがって、デビュー戦がいきなり国王の御前試合といった歴史を誇っても驚くにはあたらない。驚くべきは観衆（野次馬？）が四〇〇〇人以上もつめかけたことだ。しかし、同クラブは一回しかゲームを行わず、主要メンバーたちは夏休みを終え、リスボンのカンポ・グランデへと戻った。カンポ・グランデにはサッカーに理解を示す裕福な家庭がいくつもあり、避暑地での思い出を忘れられない選手たちは近所の仲間たちと一緒にクラブ・チームを二年後の一九〇四年に創設した。それがカンポ・グランデ・フトゥボル・クラブと名乗ったのだが、一九〇六年四月フロントに内部分裂が生じ、脱退者たちはさっそく新しいクラブを創設することにした。それがスポルティング・クルーベ・デ・ポルトガル（通称スポルティング・リスボン）になるのだ。

脱退したメンバーの中心人物はジョゼ・オルトレマン・ロケッテといった。彼はジョゼ・アルバラーデ子爵の孫にあたり、本名より祖父の呼称すなわちジョゼ・アルバラーデとして知られていたが、スポルティングの創設で重要な役割を果たしたのは、このジョゼ・オルトレマン・ロケッテをおいて他にいない。何しろ彼はクラブ分裂が決まった会合で、「これから祖父に会いに行ってくる、新しいクラブを創設するためのお金を貰うのさ」と口にしたと伝えられているのだ。しかも彼のおじいさんは本当に自分の所有地にサッカー場を作らせてくれたのだった。

こうした創設のエピソードに窺える甘えの体質が二〇世紀末のスポルティングの弱体化を招いたように私には思えてならないのだが、その議論はしないでおこう。ジョゼ・オルトレマン・ロケッテは、新しいクラブを創るにあたり、外国の大クラブのような、自国の名を汚さないものにしたいと考え、名称も当初予定されていたカンポ・グランデ・スポルティング・クラブをやめ、とりあえずグランデ・スポルティング・クラブ・デ・ポルトガルを考えていた。カンポ・グランデなら「大きな野原」くらいの意味だが、カンポを取れば、「偉大な」という意味が出て、全体で「ポルトガルの偉大なスポーツ・クラブ」という意味になるのだ。

現在、スポルティング創設の公式の日付けは一九〇六年七月一日となっている。しかし、「グランデ」を取ったスポルティング・クラブ・デ・ポルトガルが最終的な正式名称に決定されたのは六月一八日だから、その日付けは本当は正しくない（後に「クラブ」が「クルーベ」

とポルトガル語化された）。また当時の規約を見ると、男女を問わず良家の若者の体育教育を目的とするとあったように、先進的かつ貴族的な集まりだったこともわかる。しかも、サッカーだけでなく、テニス、乗馬、体操、ボート、射撃など数多くの競技が盛り込まれていた。最初のユニフォームは真っ白、しかし一九〇八年、右が白、左が緑というデザインに変わり、三〇年代に現在の緑と白の横縞が採用された。緑は若者たちの希望を象徴する色だった。エンブレムに描かれるライオンはある伯爵家の紋章から取った。獲物に襲いかからんばかりに前足をあげているところが雄々しくてかっこいい！

歴史を語りはじめたサッカー

一九一〇年一〇月五日、ポルトガルは王制から共和制へ移行した。というと、ただ国王が国外逃亡し王宮が空き家になっただけのことのように聞こえてしまうかもしれないが、第一次共和制と言われるその後の一六年間、ポルトガルは政治・経済・社会、すべての面で大きな混乱の時代を迎えたのだった。なにしろ一六年間で、クーデターが二六回、大統領が九人といった荒れ具合だったのだ。一九七四年に起こった「四月二五日革命」後の混乱などそれに比べれば大したことではない。

そんな時代でもサッカーの歩みは止まらなかった。第一次世界大戦に巻き込まれてもポルトガル・サッカーは成長しつづけたのだ。

一九一〇年という年じたいがサッカーにとり一つの節目となった。その年、ポルトガル代表の呼び名を使えそうなチームが初めて海外遠征を行ったのである。場所はスペインのウエルバ、八月二七日のことだった。FCポルトなど北部のチームからは誰も参加せず、実質的には主にスポルティングのメンバーからなるリスボン選抜チームで、したがってまだ「セレサゥン・ナシオナル」(ナショナル・セレクション)という言葉は使われていなかったけれど、現地のクラブを相手に勝利を収めている。ポルトガルのサッカーはすでに国際試合を戦えるレベルに達していたのだ。

その時の写真を見ると、ユニフォームがスポルティングのもので、ベンフィカのプレーヤーが緑と白のジャージを着ているのを見ると非常に違和感を憶える。しかし、隣国からやってきた選手たちとの試合は地元住民の間で高い関心を呼び、八〇〇〇人収容の観客席は満員だった。リスボンからウエルバまで選手たちは電車とバスを乗り継ぎ、片道だけで三六時間以上の旅をしなければならず、文字通りの遠征だったのだ。

翌一九一一年には今度は逆にフランスのクラブ・チームを招き、ポルトガル代表ならぬ、実はまたリスボン選抜チームが試合を行ったが、五対一で勝利を収めた。二年後には、ポルトガルのチームがブラジルに招待され、大統領の前でも試合をしたが、メンバーはやはり全員リスボンのチームから選ばれていた。まだポルトガル・サッカー＝リスボンという時代だったのだ。リスボンのサッカーが優位だった証拠として、一九一四年一月に創設されたポルトガル・サッカー連合（二六年「ポルトガル・サッカー連盟」という現在の名称に変わる）が企画したリスボン対ポルトの試合が七対〇で前者の圧勝で終わったことをあげておこう。なお、一四年八月ポルトガルのＦＩＦＡ加盟が暫定的とはいえ認められ、その頃、全国規模のリーグ戦実現を求める声も聞かれたけれど、機は熟していなかった。第一次世界大戦がはじまっていたのだ。

一九一〇年代の最後の年、リスボン第三のクラブ・チームが誕生した。クルーベ・デ・フトゥボル〈オス・ベレネンセス〉の結成は一九一九年、その中心となったのがベンフィカとスポルティングで活躍したアルトゥール・ジョゼ・ペレイラだった。リスボンのサッカーにとり揺鑑の地とも言えるベレンはペレイラの出身地であり、ベンフィカやルミアール（スポルティング の所在地）でプレーしつづけたとはいえ、彼の人生はいつの日かベレンにクラブを作るという夢を実現させるためのサッカー人生だった。

スポルティング時代、ペレイラの同僚にはフランシスコ・ストロンプというクラブ最初のアイドルがいた。ストロンプはまさにスポルティングの「顔」であり、現在はアルバラーデ・スタジアムに胸像を残し、通りの名前にもなっている。当時はまだ契約書などなくて、口約束がすべてだったが、ペレイラがベレネンセス創設に携わるためスポルティング脱退を友人を介し伝えると、ストロンプが「糞でも食らって、新しいクラブでも何でも創れば良い！」と罵声を発したというエピソードが残されている。ベレネンセスはかつてアウエーでの勝利の後は、伝書鳩を使って地元のファンに「勝利したぞ！」というメッセージを伝える習慣を持つ粋なクラブ・チームだった。

ペレイラはおそらくポルトガルで初めて「史上最高の選手」と呼ばれたプレーヤーでもあった。ポルトガル・サッカーが歴史を持ったのだ。

大衆スポーツへの脱皮

ポルトガル・サッカーにとり、一九二〇年代はきわめて重要な一〇年間だった。本当の意味での代表チームが結成されたし、全国大会も実現し、プロ化も検討され始めた。二三年五月にはFIFAの正式メンバーとなり、二六年にはポルトガル・サッカー連合が現在のポルトガル・サッカー連盟（FPF）へと名称を変更した。そして、何より忘れてならないのは、二八年アムステルダム・オリンピックに出場したことである。

スペインでは一九〇二年から国内チャンピオンを決めるための大会が存在したが、ポルトガルは四つの地域リーグしかない段階で代表チームを組織し、一九二一年一二月八日、マドリッドでスペイン代表と対戦した。国内では相変わらずリスボン優位の時代で、イレブンのうち、ポルトからはFCポルトのアルトゥール・アウグストだけが選ばれ、残りは皆リスボンのクラブから選出されていた。「優位」と言っても、それはサッカーそのもののレベルだけでなく政治力も含んでのことで、アルトゥール・アウグスト以外にもFCポルトには代表に選ばれてもおかしくない好選手が本当は他にも数人いたのだ。だから、一部のメディアでは「何も代表しない代表チーム」による「リスボン対スペイン」の試合なんていう皮肉が見られたりもしたくらいだった。ゲームは三対一でスペインの勝利、ポルトガル代表にとり最初の、そして唯一の得点はベンフィカのアルベルト・アウグストによるものだった。この後、ポルトガル代表はスペインに勝利するためには一九四七年まで待たなければならなかった。

対スペイン戦の敗北により、全国レベルでの大会を組織する必要性が指摘されるようになり、二二年六月二日、ポルトガル全国選手権最初のゲームがリスボンのチャンピオン（スポルティング）とポルトのチャンピオン（FCポルト）の間で行われた。決勝戦はホーム・アンド・アウエー方式で行われ、一勝一敗（二対一、〇対二だったが、当時は得失点差は考慮されなかった）の後、中立地で数千人の大観衆の前で王者決定戦が行われ、FCポルトが延長の末、勝利を収めた。翌年はもっと参加チームが増え、今度はスポルティングが優勝した。二四年にはもはや国王ではなく、初めて共和国大統領が観戦した。メディアの注目も高まり、観客数はうなぎ上りだった。その頃、ベレネンセスにはペペ（ジョゼ・マヌエル・ソアレス）なんていう童顔のアイドル・プレーヤーも登場した。貧しさの中で育ちながらも英雄となり、最後は謎めいた食中毒で夭折したため、ペペは死後ポルトガル・サッカー史上最大の神話と化した。

二八年五月から六月にかけて開かれたアムステルダム・オリンピックはポルトガル人を熱狂の渦に巻き込んだ。ポルトガル代表が出場した初めての国際大会への関心度は想像を超えていた。リスボンのロッシオ広場では試合結果を伝えるプラカードが置かれ、ラジオ局は沢山の通りにスピーカーを設置し、ゲームを実況中継した。代表に選ばれた選手はわずか一二名、例によって北部の選手はFCポルトから一人だけ、あとはリスボンを中心とした南部のクラブからの選出だった。

五月二八日の対チリ戦、試合開始二時間前、すでにリスボンの主だった通りは市民で溢れていた。今と違って、誰もがテレビにかじりつくという時代ではなかった。ポルトガルはいきなり〇対二とリードを許すが、あっという間に同点に追いつき、後半に逆転、四対二で勝利した。華々しい国際大会デビューだった。二日後に行われた対ユーゴスラビア戦、リスボンのバイシャ地区は立錐の余地もなく群集で満ち溢れ、二対一による勝利を祝福し、そしてかなりやれそうだという期待も膨らんだ。ところが、第三戦、ポルトガルはエジプトに敗れてしまう。審判に取り消されたゴールに対しポルトガル・サッカー協会は抗議したが、もちろん判定は覆らなかった。結局のところほろ苦い世界デビューだったが、サッカーがポルトガルの庶民の心を捉えていたことはすでに誰にも否定できなかった。

ポルトガル人を現実の問題や苦難から逃避させているとして、三つのFすなわちファド、ファティマそしてフットボールが批判されるのはもっと後のことだけれど、その頃すでに、哀愁を帯びた民衆的歌謡ファドは傷ついたポルトガル人の心を癒し慰め、一九一七年五月一三日、聖母マリアが出現し、後に正式な聖地として認められたファティマに対する信仰心を利用して教会は神が定めた運命に従順になるよう人々に教え、一方でフットボールは精神の秤のバランスを取るかのようにポルトガル人の心を熱く燃え上がらせていた。

ところで、二〇年代の半ばから、少年たちの間でちょっとしたブームになったことがあった。それはドロップ飴についてくるサッカー選手カードの収集だった。「フトゥボリスタス・デ・ポルトゥガル」（ポルトガルのサッカー選手たち）と名づけられたそのカードには選手名、背番号、所属チームと選手の写真が載っていた。テレビがないにもかかわらず、サッカーを見に行かない人も選手の顔を知っている、そんな時代になっていた。

★

一九三〇年代には、現在私たちが目にするポルトガル・サッカーの土台が出来上がった。世間ではクーデターや政治的陰謀が日常茶飯事となっていたのに、サッカーはしっかりと発展を遂げていた。三四年に総当たり戦方式の「一部リーグ選手権」が開始され（三八年からは「全国選手権一部リーグ」）、三八年にはトーナメント方式のポルトガル・カップがポルトガル選手権にとってかわった（四二年からはホーム・アンド・アウエー方式ではなく、一試合だけのトーナメントとなった）。同時に、それまでの小さなサッカー場では数千ならまだしも数万を越える観衆を収容しきれないことが明らかになり、移転したり、拡張工事を実施したりするクラブが現れた。貧しい国ポルトガルではどのクラブも剝き出しの地面の上でプレーしていたが、ベレネンセスが三七年ポルトガルで初めて全面芝で覆われたサッカー場を持つに至った。

三四年に始まったリーグ戦（リーガ）は、同年三月一一日、ワールドカップ出場を賭けた対スペイン戦で喫した〇対九による惨敗がきっかけだった。サッカーがすでに文化に溶け込んでいた証でもあるのだろうけれど、「もしポルトガルが私の思うように働けば、今度は失敗しないはず、九対〇なんて……」、こんな歌詞の歌さえ生まれたくらいの衝撃だった。確かに、スペイン代表のプレーヤーと比べたときポルトガル人選手は技術も体力も明らかに見劣りがし、翌日の新聞にはさっそく全国規模のリーグ戦を創設する必要が唱えられた。

スペインでは一年を通し、三つの大会で選手が鍛えられる……一方ポルトガルでは地域リーグはあまり価値がなく、全国大会にも激しい戦いはない。ポルトガル・サッカーの未来は厳しさを要求する定期的な大会にかかっている……。そして、ポルトガル・サッカー連盟もリーグ戦をさっそく組織した。初代王者はFCポルト、その後はベンフィカの三連覇だった。なお「全国選手権一部リーグ」となった一九三八年は、ポルトガルで初めてサッカーがプレーされてからちょうど五〇周年だった。

八チームが参加した三八年に始まり三九年に終わった全国選手権の初代チャンピオンに輝いたのは、またもFCポルトだった。同時に始まったポルトガル・カップは三九年六月二五日リスボンで決勝が行われ、アソシアサゥン・アカデミカ・デ・コインブラがスター軍団ベンフィカを破って初代チャンピオンとなった。リーグ戦とカップ戦を整え、ポルトガル・サッカーは新しい段階に入った。

★

プロ・サッカーの定着

一九三〇年代にはすでにプロ化が議論されていたが、「スター」的な選手も現れていた四〇年代になると、誰もその問題を無視することはできなくなっていた。早朝の練習に参加するためまだ未明に目を覚まし、船、市電、電車でグラウンドまで駆けつけ、そのあと仕事場に向かう選手もまだたくさんいたけれど、アマチュアを名乗ってみても、選手が「ルーバス」（手袋）と呼ばれた報酬を受け取ることは当たり前だったし、珍しかったとはいえ移籍金だって支払われていた。有名選手をクラブに引き止めるためには、あるいは他のクラブから引き抜くには、何よりもお金がものをいう時代になりつつあった。

もちろん、金の威力が現在と同じくらいだったと言いたいわけではない。レアル・マドリードに大金を積まれてもオファーを断ったベンフィカの選手のように、ユニフォームへの愛ゆえにクラブに残った選手だっていたのだ。最近のポルトガル人サッカー選手がしばしば、金は人生の全てではない、だがとても重要なのだ、と口にして金銭への執着を正当化しようとするが、当時は、金は重要だが人生の全てではない、という逆の価値観がまだ支配的だったのだ。一九四〇年代はアマチュア・サッカーにとり最後の一〇年間、ポルトガルは第二次世界大戦に関し中立国だったので、リーグ戦もカップ戦も中断なく実施されていた。

四〇年代の末になると、ポルトガルには芝生が張られた競技場が六ヶ所に増えていたが、一九四四年、リスボン郊外ジャモールの森に建設された国立競技場は今日までポルトガル・サッカーにとり重要な舞台でありつづけている。ファシズムの真似事を好んだサラザール首相がギリシャ様式を生かして建設したスタジアムで、四五—四六年のシーズンからポルトガル・カップの決勝戦はそこで実施されることになった。その年の優勝はスポルティング、準優勝はアトレティコ、ともにリスボンのクラブだった。しかし、四五—四六年の最大の出来事と言えば、ベレネンセスによるリーグ戦優勝だ。三八—三九年のシーズンがスタートとなった全国選手権だが、優勝は常にFCポルト（三八—三九、三九—四〇）、スポルティング（四〇—四一、四三—四四）、ベンフィカ（四一—四二、四二—四三、四四—四五）のいずれかで、すでに三大クラブの覇権が築かれていたのである。

★

だが、その年は特別だった。二〇世紀で唯一リーグ・チャンピオンが三大クラブ以外から出た年なのである。三月の時点ではまだベンフィカが首位に立っていた。しかし、その後ベレネンセスはスポルティングとベンフィカを立て続けに破り、最終節を首位で迎えた。もちろん油断はできなかった。何しろ、もしアウエーの地アレンテージョ地方のエルバスで地元チーム、スポルト・リスボア・イ・エルバスに破れれば、優勝の襷《たすき》はベンフィカのものとなってしまうからだった。

五月二七日、チームに帯同したファンの緊張はピークに達していた。選手もナーバスになっていたのだろう、ベレネンセスは前半を一点リードされたまま折り返した。しかし、後半の残り一五分、いつものようにベレネンセスの選手たちはピッチ上で稲妻と化し、「ベレネンセス式一五分」と呼ばれた逆転劇を演じて見せた。まず、クアレズマが同点ゴール。そして五分後、ラファエルが決勝ゴール。タイムアップの笛とともに、サポーターがピッチに雪崩れ込み、選手たちと抱き合って、喜びを分かち合った。

残念なのは、ベレネンセスに続くチームが現れなかったことだ。数年後でもいいから他にも出てくれればポルトガル・サッカーは政治よりずっと早く独裁制から抜け出すことができたのだが、その後もリーグ・タイトルはずっと三大クラブの持ち回りとなり、ポルトガル・リーグに五番目のチャンピオンが登場するには、二一世紀を待たねばならなかったのだ。当時は誰も予想だにしなかった事態だろう。

四六―四七年のシーズンからはスポルティングの黄金時代が始まる。リーグ戦をまず三連覇、四九―五〇年の優勝はベンフィカに譲ったものの、翌年から今度は四連覇。最初の三連覇は伝説の「五人のバイオリン弾き」が奏でるメロディーがスタンドの観衆を魅了した時代で、一方リスボンのナイトクラブや映画館ではファドの女王アマリア・ロドリゲスが聴衆や観衆を魅了していた。また後の四年連続優勝は九〇年代FCポルトが五連覇を達成するまでポルトガル・リーグ史上最高の偉業であった。代表監督タバーレス・ダ・シルバに「五人のバイオリン弾き」と命名されたフェルナンド・ペイロテオ、アルバーノ・ペレイラ、ジェズス・コレイア、ジョゼ・トラバッソス、マヌエル・バスケス、この五人のアタッカーが生み出すハーモニーとコンビネーションは抜群だった。真のスポルティング・ファンならば、すらすらと五人の名前が出てこなければならない。

代表の話をしよう。三〇年代ポルトガル代表はどこか不安定な戦いを繰り返していたのだが、四〇年代に入ると、一国の代表として恥ずかしくない成熟ぶりを見せはじめた。中でも特筆すべきは、四七年一月二六日リスボンの国立競技場で行われたポルトガル対スペイン戦だ。試合のずいぶんと前から入手困難となっていたチケットを手に入れようと駆け回った人が八万人、そして試合当日スタンドを埋めた観衆の数が四万人だった。キックオフは午後三時、しかし午前一〇時にはすでにスタンドはほぼ埋まっていた。ポルトガル人らしからぬ迅速な行動だと驚いてはいけない、彼らとて自分の利害が絡めばかなり行動は素早いのだ。リスボンの中心地ロッシオ広場から出る市電やバスには大行列ができ、道路も大混雑だった。

四七年の試合までですでに両国は一八度対戦しており、「クラシコ・イベリコ」（イベリア半島の伝統の一戦）と呼んでもよいくらいの歴史を有していたが、戦績は圧倒的に「我らが兄弟たちの国＝スペイン」に分があった。半島の隣人たちはポルトガルに対し一二勝二敗四分け、しかもその二敗はスペインが内戦中だったという理由で公式記録には掲載されていないから、その年までポルトガルは一度もスペインに勝ったことがなかったというべきなのである。しかし、ポルトガル・サッカーにおいては珍しいことだが、国民とりわけリスボンの人々は当時の代表チームを信頼していた。

先取点はスペイン、開始わずか一分だった。だが、その日のポルトガル代表は大観衆の声援に支えられ、けっしてゲームを捨てず、攻撃の手を緩めることはなかった。アラウージョが二点、スポルティングのトラバッソスが二点、合計四対一でスペイン代表から公式記録に残る初勝利を挙げたのだった。その日の夕方そして夜遅くまで、リスボンの人たちはスペインに対する勝利以外のことを話題にしなかったという。ポルトガル・サッカーにとり史上最大の勝利だった。

しかし、四ヵ月後の五月二五日、同じ国立競技場でポルトガルはイングランドに何と〇対一〇（！）という大敗を喫したのだった。対スペイン戦の再現を期待してジャモールの森へ足を運んだカルモナ大統領と大観衆は目の前の出来事を現実として受け入れることはできなかった。私はこうした結果に見られる浮き沈みの激しさにポルトガルらしさを感じるし、実際、人々はその時、普段は賞賛の的だったスポルティングの「マキナ・デ・ゴーロス＝ゴール・マシーン」、ペイロテオをこき下ろし、また、これは「デザフィオ」（試合）ではなく「デズ・ア・フィオ」（一〇点連続）だと駄洒落を言って、代表チームの不甲斐なさを皮肉ったという。

当時はまだイングランドのボールに比べポルトガルのボールはやや小さくて、どちらを使うのかをめぐって試合前、両チーム関係者がもめたりもしたのだが、結局はホーム・チームの意向がとおり、ポルトガル仕様のボールでゲームは行われたのだった。それでもなお〇対一〇、サッカーの母国はあまりに強すぎた。指摘された様々な敗因の中には、協会が選手に報酬を拒んだためやる気をなくした選手がわざと負けたのだという説もあるのだが、故意による敗北だったのか否か、その真偽のほどはわからない。だが一つ確かなのは、無報酬で試合をさせられたことに対する抗議として選手たちが試合後の夕食会出席を拒否したことだ。これには政治警察PIDE（国附国際警察）もカチンと来て、国家権力に対する反抗ではないのかと疑いを抱き、選手たち一人ひとりを尋問したのである。政治はスポーツに大いに介入し、教育省は数名の選手に出場停止の処分を科したのだった。試合後のエピソードを含め、三四年、対スペイン戦で喫した屈辱の〇対九を上回る大敗は長く記憶され、語り継がれることとなった。

四〇年代に関しては、もう一つ重要なゲームに触れなければならない。四九年五月三日、ベンフィカは名キャプテン、フランシスコ・フェレイラの偉業を称えるためイタリアの強豪チーム、当時ヨーロッパ中にその名を馳せていたFCトリノを招待し、親善試合を行った。その三ヵ月前、ポルトガル代表はトリノでイタリア代表と試合をし（一対四で敗れた）、その試合を見たFCトリノの会長がフェレイラをいたく気に入ったのだった。だから、FCトリノは〝偉大なキャプテン〟ことバレンティーノ・マッツォーラを含めクラブのスター選手をみんなリスボンまで連れてきた。

試合は意外にもベンフィカが四対三で勝利したのだが、FCトリノの不幸は敗戦ではなく、帰りの飛行機だった。リスボンの空港までフェレイラ自身も見送りに行ったのだが、FCトリノ側はそこでもイタリアへ連れて帰ろうと彼を口説きつづけた。フェレイラはパスポートがないからといって、移籍の話をやんわりと断ったのだが、それが彼には幸いした。なにしろ、その数時間後、FCトリノ全メンバーを乗せた飛行機が着陸直前、スペルガの大聖堂の鐘楼に激突、火の玉と化し、全選手が死亡してしまったのだった。悲しんだのはトリノ市民だけではなかった。フェレイラは悲嘆に暮れ、偉大な選手たちの死を悼む数千人のリスボン市民はイタリア大使館まで花を携え記帳に訪れたのだった。

サッカーは確かに人生そのものを思い起こさせるときがある。サッカーでも人生でも、喜びと悲しみの境界線は紙一重にすぎない。そしてまた、サッカーはすでに国の境界線を越え、喜びと悲しみを引き起こすようにもなっていた。

★

そして舞台は整った

五〇年代なおもサラザール体制下にあったポルトガルは、それまで通り不自由で世界に扉を閉ざしていた。政府の不利になりそうな言論は青鉛筆で削除され、誰一人としてコカ・コーラを飲まない古い農村的な社会が理想とされていた。ポルトガル社会には「停滞」という言葉がぴったりだった。

もちろん、注意して見れば、変化するポルトガルもあった。サン・ジョルジュ（映画館）、サンタ・マリア（病院）、サン・ジョアン・デ・デウス（教会）そしてグルベンキアン財団といった大建築が完成したのは五〇年代だったし、市民の足が市電から地下鉄やバスに移ったのもこの時代だった。マイ・カーを夢見る人も現れた。

サッカーの世界にも変化が見られた。選手のプロ化は公然と論じられ、実際彼らは次々とプロフェッショナルとなった。一方、国民は国際大会にもそれまで以上に目を向けるようになった。むしろ、向けさせられていた、というべきだろうか。なぜなら、サッカーが日々の暮らしから生まれる不満の捌け口となるだけでなく、国際試合での勝利がナショナリズム高揚に役立つと政治家たちが気づいていたからだった。海外に目を向けていたからといって、けっしてサッカー・ファンが先進的だったというわけでもなかった。

しかし、ポルトガル代表はワールドカップ・ブラジル大会出場の夢を、またもスペインに砕かれてしまった。アウエーで一対五、ホームでは二対二で引き分けるのが精一杯だった。それでも開催国にして兄弟国ブラジルは、どこまで本気だったのかわからないが、ポルトガルの参加を要請してきた。今ではこんなうまい話は考えられないが、戦後の復興期だったため予選を通過しても棄権した国があったらしく、前回までの一六ヵ国でなく一三ヵ国しか本大会に集まらず、きっとそんな背景もあったのだろう、ポルトガル・サッカー協会会長はブラジル側の提案を真に受けたのである。もちろん「ポルトガルは温情でブラジルに行くわけにはいかない」と言って参加要請を断ったのだが……。

イベリア半島の片隅に閉じこもっていたポルトガルにとり、体制の維持に不利なことを言うかもしれない外国人選手は招かれざる客で、だから本国だけでは供給が間に合わないスター選手候補を植民地で発掘するしかない時代がやって来た。実力さえあれば、白人か黒人かは大した問題ではなかった。確かに、三〇、四〇年代、植民地出身の選手はまだ希少価値だったが、五〇年代はターニング・ポイントだった。そして、五一年九月、そんなポルトガル・サッカーの特徴を象徴するような選手がベレネンセスの青いユニフォームを着てデビューした。セバスティアゥン・ルーカス・ダ・フォンセーカ、通称マタテウである。一九二七年七月、まだポルトガルの植民地だったモザンビークの首都ロレンソ・マルケスで生まれた。後にその名を世界に轟かせるエウゼビオと同郷だが、エウゼビオがリスボンに来る前からちょっとした有名人だったのに比べ、マタテウはロレンソ・マルケスではさほどセンセーショナルなプレーヤーではなかった。

しかし、リスボンに着いた時には無名の存在だった彼も、四対三で勝利した対スポルティング戦でいきなり二得点を叩き出し、鮮烈なデビューを飾ったのだった。決勝点を決めたマタテウは試合後サポーターに肩車されてピッチを後にしたのだが、そんな栄誉に黒人プレーヤーが浴したことなど、それまで「宗主国」では一度もなかった。マタテウのおかげで、少なくともサッカーの世界では、人種差別は隠蔽されるようになった。新しい時代の到来、新しいスター選手の誕生だった。

ペナルティー・エリアの中で止めようと思ったらディフェンダーはファールするしかなかったマタテウは、ポルトガル・リーグ得点王に二度輝き、五二年以降は二七回代表チームに呼ばれた。マタテウには微笑ましいエピソードもあって、五四年一一月、アルゼンチンとの親善試合、彼がいつになく緊張していたので、ハーフタイムの間に観衆はいったい何が起こったのか怪訝に思っていた。その頃、控え室で監督が「お前もついに父親だぞ」と伝えると、後半はいつものマタテウに戻り、ピッチを所狭しと駆け回ったという。試合後、生まれたばかりの赤ちゃんにはアルジェンティーナ（アルゼンチン）という名前がつけられた。

マタテウの評価は海外でも高く、五五年、ベレネンセスがパリでディ・ステファーノのレアル・マドリードと対戦したのだが、マタテウはすでに地元メディア注目の選手だった。試合は〇対二で敗れたが、翌日の新聞には「ディ・ステファーノは黒人マタテウの前で微笑みを失った」と書かれていた。

六四年マタテウは一度もリーグ・チャンピオンになることもないままベレネンセスを離れ、アトレティコ、アモーラといった小さなクラブ・チームをコンスタントに点を取りながら渡り歩き、その後カナダのチーム、ファースト・ポーチュギーズへと移籍した。一度ポルトガル・リーグに戻るが再びカナダに「移民」し、キングストンとサグレスで何と五五歳まで現役を続けたのである。マタテウに比べればマテウスなんて大したことはない！　短距離のドリブルなら誰にも負けず、両足で強烈なシュートを放ったマタテウは二〇〇〇年一月、七二歳でこの世を去り、今はポルトガルに眠っている。

ところで、五〇年代はポルトガル・サッカーにとり他にも重要な出来事が様々あった時代だった。まず、サッカーの完全なるプロ化は五〇年代の産物である。「ゴールを背中に背負った」アマチュア選手なんて完全に過去の遺物だった。例えば、後に名監督となるジョゼ・マリア・ペドロトをベレネンセスから引き抜くのに五〇万エスクードという大金をFCポルトは支払い、それまでの「報奨金」や「出費支援」ではなく、「移籍金」が当然視されるようになった。また五四年ブラジルから招いた監督オットー・グロリアにベンフィカは当時としては破格の月額一万二〇〇〇エスクードを支払った。グロリア監督はサッカーは選手だけでなく監督も同じくプロでなければならないスポーツだという認識をポルトガルにもたらした人物であり、同時にWMシステムに代わる四―二―四を導入たのも彼だった。

残念ながら、とどうしても言いたくなるけれど、プロ化は攻撃型サッカーから守備的サッカーへの転換も引き起こした。クラブ会長が支出と収入のバランスを気にするとき支出削減をまず考えるように、監督と選手は点を取るよりまず点を取られないようにすることを重視したのである。四〇年代はまだ攻撃型のチームが一シーズンで一〇〇点以上挙げることもあったが、そんなことはもうどんなチームにとっても不可能となった。

それまでは英語が主流だったサッカー用語もポルトガル語になった。「キーパー」は「グアルダ・レーデス」、「バック」は「デフェーザ」、「コーナー」は「カント」になった。今でも残っている英語のサッカー用語といえば、「ペナルティー」と「オフサイド」くらいだろうか。

五〇年代は大スタジアム誕生の時代でもあった。一九五二年五月まずFCポルトがエスタディオ・ダス・アンタスを開設した。そして一九五四年一二月、ベンフィカはエスタディオ・ダ・ルースを開設した。二年後、スポルティングとベレネンセスがエスタディオ・デ・アルバラーデ、エスタディオ・ド・レステロをそれぞれ建設した。ポルトガル・サッカー飛躍の大舞台が整ったのだ。あとは新しい大舞台に相応しい大スターの登場を待つだけだった。意外なのか当然なのか、その男はアフリカからやってきた。

Ⅲ 孤高の国の一瞬の輝き

Fulgor Fugaz do País dos “Orgulhosamente Sós”

「長い年月の間、ポルトガルの
名は一人の黒人、エウゼビオの
おかげで世界に知られていた」

サモラ・マシェル
（前モザンビーク大統領・故人）

「黄金」の到来

一九六〇年一二月一七日金曜日、遠く隔たるポルトガルからポルトガルへ、一人の若者がやってきた。国籍はポルトガル人、しかし誰が見てもポルトガル人ではなかった青年は憧れの帝都の土を踏み気後れしていたわけではないが、背広にネクタイとめかし込んだその姿は、悪く言えば御のぼりさんのようにも見えた。一八歳、まだユースの年齢だった。いくらシニアとしての契約をしていたとはいえ、ふてぶてしい態度は彼にはできなかった。

クリスマスを一週間後に控えたその日の夜は、身を切るような冷たい風が吹きすさんでいたという。ポルトガルの最南部に位置する「県」から来た青年にとり、寒さは堪えたにちがいない。リスボンのポルテラ空港では、彼の出身「県」から伝わってきた評判を聞きつけた新聞記者が数人、真夜中にもかかわらず到着を待ち受けていた。その中の一人に彼はちょっとおどおどしながら、「センターフォワードでプレーするのは好きではないのです」と答えた。この第一声はおそらく本音だったのだろう。しかし好き嫌いなど関係なく、彼はいずれ世界を舞台にゴールを量産しはじめるのである。

若者がリスボンに到着した日のスポーツ新聞『ア・ボーラ』は「肩幅も広くがっしりとした体格で身長も高く、足取りも軽やかだ。いわゆる〝見栄え〟が良いのだ。肌は真っ黒ではないが、有色人種だ」という紹介記事を書いている。植民地国家らしい、どこか人種差別を感じさせる言葉遣いに思える。〝政治的に正しい〟言葉遣いとは差別的、そんな時代だった。でも、好意的にとれば、植民地からいわゆる「白人」のプレーヤーも数多くやってくる時代だったから、あえて区別するために「有色」という言葉を使っただけとも考えられる。いや、肌の色を区別すること自体がすでに差別なのだ、と批判する人もいるだろうけれど、その議論はやめておこう。いずれにしても、もしポルトガルで成功しなかったら……、アフリカ出身の黒人である彼には栄光ではなく、必要以上の非難と罵声が浴びせられたことだろう。しかし、そんな心配は不要だった。彼は間もなくポルトガルのスポーツマンとして、最高の栄誉を手にすることになるのだ。

若者の名はエウゼビオ・ダ・シルバ・フェレイラ、後にエウゼビオの名で世界中にその名を轟かせることになるスーパー・ストライカーだった。孤高のポーズをけっして崩さなかったアントニオ・デ・オリベイラ・サラザールという政治家がポルトガルという国にも世界から孤立する道を歩ませていた時代、ポルトガルの名を外国人に口にさせた唯一の男だった。一九六〇年と言えば、一気に一七の植民地が独立を遂げ、「アフリカの年」と呼ばれることになる年だ。また一方で、植民地支配を続けるポルトガルの国際社会における孤立が際立ちはじめた年でもあった。

いくらポルトガル政府が「植民地」ではなく「県」だと言い張っても、世界史の大きな流れはポルトガルの海外領土に独立の気運をもたらしていた。実際、年が明けてすぐ、ポルトガルにとり最も重要な植民地アンゴラで解放闘争が始まった。エウゼビオはアンゴラの反対側、インド洋に面したポルトガル植民地モザンビークからやってきた。そこではまだ独立戦争は始まっていなかったが、ポルトガル植民地主義からの解放を求める願望は抑えることができなくなっていた。

そんな時代にエウゼビオは最愛の母や兄弟を故郷に残し、宗主国ポルトガルにやってきた。植民地支配の終焉と祖国の独立をポルトガル政府に訴えるためではなく、ただひたすらサッカーをするために。彼が求めたものは戦争でも植民地支配の終焉でもなく、心の平穏すなわちサッカーをプレーすることだけだった。

　確かに五〇年代半ばからポルトガル・サッカーも選手のプロ化が進み、勝敗より楽しさを求めるのどかな時代から勝利を冷徹に求める現実主義的な思考の時代となっていた。その結果、そうした新思考に基づき、人種など無視して有能なプレーヤーが植民地から吸い寄せられた。エウゼビオは植民地が本国に送り届けた最高の贈り物だったが、その真の偉大さは現実主義が支配的になりつつあった時代に、いつでも人々に純粋な喜びを与えつづけたことだろう。

　さて故郷ロレンソ・マルケス（一九七五年の独立によりマプトとなった）では、スポルティング・デ・ロレンソ・マルケスに所属し緑と白の横縞のジャージを着ていたエウゼビオだが、「本社」とも言うべきスポルティング・リスボンとの移籍交渉は不調だった。逆にリスボンに着くとすぐ、迎えに来ていた永遠のライバル、ベンフィカ・リスボンの役員に付き添われ、独身選手寮へと連れて行かれた。後にエウゼビオの「拉致事件」として知られるようになったベンフィカの早業であった。たしかにその日、まだ獲得をあきらめていなかったスポルティング・リスボンやFCポルトの役員もエウゼビオに接触するため、空港に来ていたのだった。

　クラブの独身寮に入るとエウゼビオはすぐにチームメイトたちと打ち解けた。マリオ・コルーナやコスタ・ペレイラといったモザンビーク出身の選手たちが可愛がってくれたことが、新しい生活に慣れるのを手伝ってくれた。契約問題がこじれ、そのシーズンはほとんどプレーすることはできなかったのだが、リスボン到着から三日たった一二月二〇日、ベンフィカの役員が選手登録に必要な書類を揃え始めた頃、その日の練習でさっそく周囲を驚かせた。ブラジルやアルゼンチンで名を馳せ、当時ベンフィカを率いていた亡命ハンガリー人監督ベーラ・グットマンはエウゼビオのシュート練習をひと目見て、「エ・オーロ！、エ・オーロ！」（黄金だ！）と、大声をあげ小躍りしたという。最高のクリスマス・プレゼントだったにちがいない。ベンフィカと代表でチームメートとなるジョゼ・トーレスはエウゼビオがやはり練習初日に「サッカー協会に登録を済ませたらすぐに一軍メンバーに入り、二度とそこからは出ないぞ」と自信まんまんに語ったのを憶えている。

また、後に代表監督にもなる当時のスポルティング・リスボンのプレーヤー、ジュカはある日ベンフィカのトレーニングを変装して偵察に行ったのだが、エウゼビオのシュート練習を見てすぐ、スポルティングに来てくれなかったことを悔やんだと述懐している。ジュカもスポルティング・ロレンソ・マルケスの出身だった。ポルトガルの現大統領ジョルジュ・サンパイオはスポルティング・ファンだけれど、彼もまたエウゼビオがベンフィカに行ってしまったことを今でも残念に思い続けている。一方で、ベンフィカのフォワード陣はいったい誰がポジションを失うのか不安にかられたという。しかし誰もポジションを失うことはなく、ベンフィカの攻撃陣はよりいっそう強化され、エウゼビオもチームも共に栄光の道を歩みはじめるのだった。

ロレンソ・マルケスからリスボンへ

エウゼビオは一九四二年一月二五日、まだポルトガルの植民地だったモザンビークの首都ロレンソ・マルケスのマファララ町シパマニネ地区に生まれた。裕福な白人たちが暮らす瀟洒な住宅ではなく、トタン壁で出来た慎ましやかな家屋が彼にとり幼少時の住処だった。いきなり余談で恐縮だが、マファララには二〇世紀ポルトガル語圏文学を代表する作家ジョゼ・クラベイリニャが現在も暮らしている。

エウゼビオがこの世に生を受けた時代は、六四年に始まる植民地戦争の予感さえ抱かせなかった頃だ。父親のラウリンドはアンゴラ人で、モザンビークの鉄道敷設工事のために連れてこられたのだが、激務がたたり三五歳で早死にしている。アンゴラとモザンビークの地図をヨーロッパの地図に重ね合わせ、小国ポルトガルの「偉大さ」を国民に納得させようとしていた時代に、エウゼビオはポルトガルの二大植民地の血を受け継ぎ、宗主国に数多くの栄光をもたらした。彼は植民地国家ポルトガルの申し子のような選手だった。

父ラウリンドは中盤でプレーするサッカー選手でもあった。エウゼビオは「父は素晴らしいミッドフィルダーだった」と今も誇らしげに振り返る。母親のエリーザは一七〇センチ以上という長身で、ふっくらと体格も良かった。サッカーへの情熱は父譲り、恵まれた身体能力は母譲りだったのだろう。母親がくれた宝物を生かし父親の足跡をたどり、そして歴史に名を刻んだ、それがエウゼビオの人生だ。

エウゼビオがサッカーの虜になったのは八歳のときだった。ブラジルでもきっとありふれた光景だったのだろうけれど、紙やぼろきれや靴下を丸めて作ったボールを子どもたちが蹴って楽しむ姿はロレンソ・マルケスでも至る所で見られる風景だった。ある日、仲間が一人欠けたとき、エウゼビオに声がかかった。それまで彼はさほどサッカーに熱中していたわけではなかったのだが、その日の夕食にはさっそく遅刻した。そして次の日からは授業終了時刻を頭の中でカウントダウンするようになった。チャイムが鳴るや否や、海岸まで走り、ゴールの代わりに並べられた石の脇に教科書を置き、ボールを蹴りはじめるとすぐに、相手のゴールめがけてダッシュする。すでにそのスピード、身体能力、得点感覚は群を抜いていた。サッカーの虫エウゼビオの誕生だった。その頃、現在のモザンビーク大統領ジョアキン・シサノはエウゼビオと一緒に裸足でボールを追ったという。貧しい家庭の子どもたちにとり、海岸でボールと戯れることに勝る喜びはなかった。

間もなく彼は現地の言葉ランディン語で「快速」を意味する「マガガガ」と呼ばれるようになった。また地元の少年たちで作ったチームでは、全員でブラジル人選手の名前をニックネームとすることに決めたのだが、ガリンシャやジジやアデミールのなかでエウゼビオは、サンパウロで活躍していたネネを名乗ることになった。まだ幼い「ブラジル人」たちは勝利と賞金を重ねていった。すでに立派なプロだった。

エウゼビオとベンフィカの出会いはかなり早かった。一九五〇年、ベンフィカが植民地のファンのために二試合行う予定でやってきたのだ。ベンフィカの系列チーム、デスポルティボ・デ・ロレンソ・マルケスとの対戦成績は一勝一敗だった。敗戦は地元の人々を喜ばせるためだったように思われる。エウゼビオは父親からベンフィカの賞賛の言葉をずっと聞かされていたし、古新聞をめくりながら、リスボンで活躍する選手たちの写真をいつも目にしていた。彼らのプレーを自分の目で確かめたとき、エウゼビオのサッカー熱はさらに高まった。

ところが、人生を彩るのはバラ色だけではない。後に彼は憧れのクラブ、デスポルティボに入団を拒否されてしまうのだ。そのとき彼は人目を憚らず泣きじゃくったという。入団を拒否されたせいで父親譲りのクラブへの愛を失ってしまったわけではないけれど、エウゼビオがプレーするようになったクラブはそのライバル、スポルティング・デ・ロレンソ・マルケスだった。彼にとり「心のクラブ」ではなかったし、アフリカ系住民の多くはスポルティングが好きではなかったのだが、エウゼビオはチームに受け入れられた。一三歳だった。デビュー戦、いきなりデスポルティボと対戦、試合に出たくないと駄々をこねたエウゼビオだったが、結局は出場しハット・トリックを演じ、チームの勝利に貢献した。とはいえ、情にもろいエウゼビオはこのときも試合後に泣いた。チャンピオンになるなど、ユース・チームでの活躍が認められ彼はすぐにシニアのチームに引き上げられた。一五歳だった。その頃、Jリーグにも来たカルロス・ケイロス監督の父親がエウゼビオを見て、「すごい少年がいるぞ」と口にしたという。世界は、ポルトガルの世界は、そしてポルトガル・サッカーの世界は、狭いのだ。

人々は、いずれリスボンのクラブから誘いが来るだろう、そう噂するようになった。そして実際に「本社」とも言えるスポルティング・リスボンから「入団テスト」を勧める誘いが届いた。エウゼビオ本人はその気になったようだが、母親のエリーザは若すぎる息子に冒険は許されないと言って反対した。母親の直感によれば、息子がプレーするポルトガルのクラブはベンフィカだった。そして、母親の言葉は絶対だった。エウゼビオは次の機会を待つことになった。

地元の新聞でエウゼビオの名前が頻繁に目にされるようになった頃、オファーが次々とやってきた。スポルティング・リスボン、FCポルト、ベレネンセス、そしてベンフィカ。ポルトガルの名門チームすべてがエウゼビオに投資することを決めたのだった。スポルティング・リスボンはもちろん系列チームの役員から情報を得ていた。ベンフィカはアフリカ遠征中だったポルトガル代表チームに帯同したクラブ役員から話を聞いていた。四大クラブのなかでベンフィカが最も慎重かつ狡猾だった。スポルティングがモザンビークの沖にあるモーリシャス諸島への遠征を終えたとき、ベンフィカの役員が二人エウゼビオの自宅をこっそりと訪ねている。

しっかり者のエリーザ夫人は遠来の客を丁寧にもてなしながらも、交渉はしっかりと行った。「うちの息子ももう一人前の大人だし、幼い兄弟たちの養育費など家計を助けてもらわないと……」、そんなことを言ったらしい。なかなかの交渉上手だ。一一万エスクードで始まった交渉は最後は二五万エスクードで落ち着いた。「大金だった」、母親の回想である。スポルティング・リスボンはそれに対し倍の五〇万エスクードで反撃に出た。保有権をもっていたスポルティング・デ・ロレンソ・マルケスも簡単には引き下がろうとはしなかった。しかし、誇り高きエウゼビオもエリーザも、一度交わした約束を破る人間ではなかった。「ベンフィカに行くことは、私にとり千夜一夜物語だった」、後にエウゼビオは言った。

一九六〇年一二月一六日、リスボンから電話が入った。選手登録締め切りの二〇日までに来て欲しいという連絡だった。家族と離れてクリスマスを過ごすことにはためらいがあったけれど、移籍を秘密にするためベンフィカの役員が用意したアントニオ・フェレイラという偽名を使いエウゼビオはすぐに機上の人となった。外交官のようにグレーのスーツに身を包みながらも、心は真っ赤に燃え上がらせて。ポルトガル最大の「県」を離れ、「帝国」の首都で、ヨーロッパで、そして世界で数限りない栄光を手にするために……。

「拉致」の真相

大物選手の移籍にはいつだってドラマがついてまわる。エウゼビオの場合もベンフィカ・リスボンに正式に移籍するまでには紆余曲折があり、アフリカ大陸を縦断してすぐにポルトガルでプレーできるようになったわけではなかった。

以前ポルトガルに暮らしていたとき、ある友人からエウゼビオの移籍に関するスキャンダルを聞かされたことがあった。それは、エウゼビオは本当はスポルティングでプレーするつもりでリスボンに来たのだけれど、空港で待ち伏せていたベンフィカの役員に「拉致」されてしまい、しばらくの間ベンフィカの宿舎に「監禁」され、初めてポルトガル人の前に姿を見せたときには真っ赤なベンフィカのユニフォームを着ていたというものだった。

でも、どうやらそれはかなりの歪曲が加えられた説明だったようだ。真相はそれほど単純ではない。エウゼビオの居場所は二転三転の末やっと決まったのだった。

すでに述べたように、エウゼビオは当時まだポルトガルの植民地だったモザンビークの首都ロレンソ・マルケスのスポルティング・デ・ロレンソ・マルケスの選手だった。ポルトガルのスポルティング・リスボンの系列クラブだった。したがって、スポルティング・デ・ロレンソ・マルケスの幹部たちはエウゼビオを当然リスボンにある同名のチームに譲り渡す意向だった。故郷で身にまとっていた緑と白の横縞のユニフォームを「本国」でも着せるつもりだったのだ。しかし、抜け目ないベンフィカはエウゼビオがリスボンに出発する前すでに、彼の母親に二五万エスクードという「大金」を契約金として支払ってあった。植民地のアフリカ系住民にとり、これは「大金」以上の金額だったはずだ。アフリカ人として母親の意向に忠実なエウゼビオはベンフィカの選手になるつもりで旅立った。ところが、周囲の人間たちの思惑や欲望が彼の素朴な願望をかなえさせてあげようとはしなかった。

スポルティング・デ・ロレンソ・マルケス側の言い分にはもっともなところがあった。貧しくて十分な栄養も取れず、身なりも立派ではなかったエウゼビオに食事を与え、服を着せてあげたのは、ベンフィカやデスポルティボではなく、彼らだったのだから。しかも、エウゼビオの保有権はずっと彼らの手中にあった。さらに彼が義務教育を終えていないことも移籍の妨げとなっていた。エウゼビオの運命はピッチ上ではなく、法廷で定められることとなった。

法的に見るとベンフィカの言い分は不利で、事実ポルトガル・サッカー協会（ＦＰＦ）は六一年一月四日ベンフィカへの移籍を認めない旨発表した。平静を装いながらもベンフィカは大いに慌てていた。ベンフィカとスポルティング、永遠のライバルはグラウンドの外でも互いに譲り合わず、鷲は獅子の反撃を恐れたのだった。一月後半、ベンフィカはポルトガル・サッカー協会司法委員会に提訴した。月末、故郷の新聞には、エウゼビオがベンフィカとの契約を破棄することに合意した、最後に笑ったのはスポルティング・リスボンだった、という記事さえ載った。モザンビークの新聞は、ベンフィカが行った移籍手続きに瑕疵があること、スポルティング・リスボンが提示した条件の方が良いことを指摘していた。

ところが二月五日に司法委員会の裁定がいざ出てみると、ベンフィカへの移籍は適法と認められたのだった。ベンフィカが水面下で何をしたのかわからないが、今度はモザンビークのスポルティングが承服しなかった。一週間後、エウゼビオは故郷のクラブの会長に、自分も母親もスポルティング・リスボンへの移籍に合意した覚えはない、という内容の書簡を送った。エウゼビオは事の成り行きに納得できないまま、偽名を使い、ベンフィカの海外遠征に帯同した。

四月、ポルトガル政府スポーツ庁はスポルティング・デ・ロレンソ・マルケスの言い分に軍配を上げた。またもベンフィカは提訴した。強硬論と慎重論が交錯するなか、「レフェリーを代え、大臣に直接訴える」、ベンフィカは大見得を切った。鷲と獅子が闘い続ける間、エウゼビオはスポルティングからの接触を避けるため、住居を変えたこともあった。アルガルベのホテルに一〇日以上も匿われたこともあった。そうこうするうちに、FCポルトまで移籍交渉に首を突っ込み始めた。そしてエウゼビオは自らの進路を見失っていった。「お母さん、もう帰るよ、こっちには意地悪な人たちがいるんだ……」、エウゼビオは電話の向こうにいる母エリーザに弱音を漏らした。

五月、ポルトガル・サッカー協会はとうとうベンフィカに有利な結論を下した。最終判断だった。すると、さすがは天才エウゼビオ、義務教育終了に不足していた一年分をたった一日で修了し、卒業資格を得てしまった。また、ベンフィカは二四時間以内にスポルティング・デ・ロレンソ・マルケスに四〇万エスクード払わなければならなかったのだが、神の奇跡か、クラブに即金でお金を貸してくれるファンがタイミングよく現れた。全てがベンフィカの望む通りとなった。聖母マリアがファティマで三人の牧童の前に姿を見せた日からちょうど四四年後にあたる六一年五月一三日、モザンビークから保有権譲渡の書簡が届いた。エウゼビオは赤いユニフォームに袖を通した、ルース・スタジアムをベンフィキスタの聖地に変えてしまう日は目の前だった。

衝撃のデビュー

天才の登場は華麗だ。エウゼビオも鮮烈なデビューを果たした。

一九六一年五月二三日、ベンフィカの選手たちにリーグ・チャンピオンの襷《たすき》がかけられ、同時にチャンピオンズ・カップ決勝戦への出発を直後に控えた選手団の激励会が開かれた。さらにアトレティコとの壮行試合も行われ、エウゼビオは二軍チームの一員として初めてファンの前に姿を見せた。開始一一分、いきなりロングシュートを決めた。ゴールから四〇メートルまで迫れば、彼はシュートを決めることができた。観客はその能力に疑問を抱く暇さえなかった。逆転されて迎えた後半、エウゼビオは二点を挙げ、いともたやすくハット・トリックを達成してしまった。「左右両方の足にダイナマイトを仕掛けている」ことを証明してみせたのだ。

誰もが彼の潜在能力に納得した。

五月三一日ベンフィカはスイスのベルンで強豪FCバルセロナを三対二で破り、初めてヨーロッパ・チャンピオンに輝いた。エウゼビオは同行せず、だから栄光のベンフィカのレギュラー陣とエウゼビオが初めて一緒に公式ゲームを戦ったのは、シーズンも終わりに近づいた対ベレネンセス戦だった。同じリスボンとはいえ、アウエーはアウエー、しかも四対〇の勝利。四人の得点者の中にはもちろんエウゼビオの名前があった。試合後、ピッチに雪崩れ込むファンにもみくちゃにされ、エウゼビオは控え室に戻ったときは半裸状態だった。

すでに「県境」は越えていたエウゼビオの名声は、すぐに今度は「国境」を越えた。それは一九六〇年代に入るのと同時に増加したポルトガル人移民と一緒にパリまでたどり着いたのだった。六一年六月半ば、夏のトーナメントに招かれたベンフィカはまずベルギーの名門アンデルレヒトを三対二で下した。エウゼビオはすでにゲームの「オーガナイザー」だった。そして決勝で当たったのは、ペレのサントス、エウゼビオが幼少の頃から憧れていたブラジル・サッカーの名門チームだ。ペレは三年前に開かれたワールドカップ・スウェーデン大会ですでに世界的な名声を博していた。

前半だけで四対〇、サントスのリードだった。後半、エウゼビオが交代出場するも、いきなり五対〇。もはや屈辱そして恥辱の域に達していた。ベンフィカは赤面するしかなかった。しかし、エウゼビオはあきらめなかった。パルク・デ・プランスの観衆がサントスのゴールに酔いしれていようとそんなことは意にも介さず、巻き返しを狙っていたのだ。一八分に一点目、すかさずその一分後にはペナルティーを得た（ジョゼ・アウグストが失敗）。落胆せずにさらに二点を上げる。しかし、まだやれると思うには時間が足りかなかった。ペレがタイムアップ寸前、六点目を決めた。

九〇分前まで、サントスの選手はエウゼビオの名前さえ知らなかったという。けれど、九〇分後、ペレを含め誰もが彼の実力を認め、その名を脳裏に刻んだ。翌日パリの新聞にはエウゼビオとベンフィカを称える記事が溢れた。「黒い真珠」、「ヨーロッパのペレ」、エウゼビオはフランスでそう知られるようになった。

六一年、ポルトガルは翌年のワールドカップ・チリ大会の予選をイングランド、ルクセンブルクと戦っていた。結局イングランドの前に屈しポルトガルの夢はまたも叶わなかったけれど、エウゼビオは代表デビューをアウエーの対ルクセンブルク戦で飾っている。ポルトガルはすでにホームで六対〇で勝っていたから、敵地でも大きな困難はないと予想されていた、謙虚なルクセンブルクの選手たちも引き分けられれば十分と考えていた。ところが、エウゼビオにとりその試合はほろ苦いデビューとなってしまった。たしかに、代表初ゴールは決めた。だが、意外にもゲームは二対四で落としてしまったのだった。どんな偉大な選手でも、人生のすべてが思い通りというわけにはいかない、ということだろうか。代表で栄光をつかむには、次のチャンスを待つしかなかった。

ヨーロッパのパンテーラ・ネグラ（黒豹）

エウゼビオはフランスで「黒い真珠」と呼ばれたが、それは定着しなかった。「黒い真珠」といえば、普通はペレのことだ。でも、「真珠」はブラジルの王様に譲ったけれど、エウゼビオは「豹」という異名をもらうことになった。それはイギリス人ジャーナリストの贈り物だった。

すでに六二年ワールドカップ・チリ大会出場の夢を断たれていたポルトガルは、六一年一〇月イングランドを相手にウェンブリーでテスト・マッチを行った。結果はホーム・チームの二対〇による勝利だったけれど、エウゼビオは二度もシュートをポストに当てるなど、イギリス人にその能力の高さを印象づけることに成功した。そして、その日から「黒豹」が彼の異名となった。スピード、俊敏性、そしてエレガンス、エウゼビオにはぴったりだった。とはいえ、彼は当初このニックネームが気に入らなかったらしい。六〇年代、アメリカで活動していた黒人解放運動の政治結社「ブラック・パンサー」が殺人や銀行強盗を繰り返していたからだ。

ヨーロッパ・チャンピオンズ・カップ二連覇を目指し、ベンフィカは六一—六二年のシーズンも順調に勝ち上がった。ただし、「お尻一つでは二つのイスに座ることはできない」とグットマン監督が言ったように、リーグ戦の方は苦戦の連続だったのだけれど。決勝の相手は去年と同じスペインのクラブ・チーム、だがバルセロナではなくレアル・マドリードだった。現代サッカー最初の大クラブ、チャンピオンズ・カップで五連覇を成し遂げた偉大すぎるくらいのチームだった。古き良き時代のサッカーを懐かしむ人なら誰でも口にするディ・ステファーノ、プスカシュ、ヘント、デル・ソル、サンタマリア、錚々たるメンバーをそろえていた。

六二年五月二日、場所はチューリップの花咲き誇るアムステルダム。試合前に訪れた動物園でもらった熊の赤ちゃんをマスコットにするなど、ベンフィカの選手たちはリラックス・ムードだった。しかし、ゲームが始まると互いの探り合いの後すぐに、プスカシュに二点を立て続けに取られてしまった。レアル・マドリードのサポーターたちは早くも白いハンカチを振り、ベンフィカにさよならを告げようとした。けれど、彼らはあまりにもせっかちすぎた。

二点を失い、逆にベンフィカは目を覚ました。モザンビーク出身のマリオ・コルーナがペナルティー・エリア付近で倒され、フリーキックをもらった。地面に置かれたボールを前にして落ち着きを取り戻したエウゼビオが蹴ったボールは唸りを上げてポストを直撃した。そのままゴールにはならなかったが、こぼれ球をジョゼ・アグアスが押し込み、二対一となった。一〇分後、エウゼビオがキーパーと競り合ったこぼれ球を今度はカベンが決めた。同点。しかし、恐れるべきはプスカシュ、あっという間にハット・トリックを決めてしまったのだった。チャンピオンズ・カップの決勝でハット・トリック、ポルトガル人に格の違いを見せつけた。

優れた監督は選手に力を与える言葉を持たなければならない。ハーフタイム、グットマン監督は「ゲームはもらった、心配いらないぞ」とだけ伝えたという。リードを許しているのにこんなことを言うとは、よほど自分のチームに自信があるか、狂っているか、どちらかだろう。グットマンにはエウゼビオがいた。

後半五分、コルーナが決めて同点。直後、エウゼビオがペナルティーを得た。彼がペナルティー・マークにボールを置こうとすると、レアルの選手が「オカマ！」と罵声を浴びせた。幸い、エウゼビオにはそのスペイン語（マリコン、ポルトガル語ではマリカス）がわからず、平然とゴールを決めることができた。逆転！　さらに二三分、ゴール前のフリーキックからのパスを受けたエウゼビオが再びゴールを決める。五対三。そして、タイムアップ。新しいヒーローの誕生を象徴するかのように、エウゼビオは憧れのディ・ステファーノからユニフォームを譲り受けた。同時に、この勝利によりベンフィカの前年度優勝がフロックでもなんでもなかったことがヨーロッパ中で認められるところとなった。サッカーといえばベンフィカ、ベンフィカといえばエウゼビオ、そんなときがやってきた。

しかし、グットマンといえばベンフィカ、という時代はこれで終わりだった。契約更改が不調に終わり、彼はチームを離れることになった。「一〇〇年経ってもポルトガルのクラブ・チームがチャンピオンズ・カップで二連覇を成し遂げることはないだろうし、私なしでベンフィカがヨーロッパのカップ戦で優勝することはないだろう」。彼の捨て台詞である。悲しいけれど、これまでのところ、ずっと的中しつづけている（翌年もベンフィカは決勝まで勝ち進んだが、ACミランの前に敗北した）。余談になるが、ヨーロッパ・チャンピオンズ・カップ二連覇の副産物の一つとして、庶民の間でスポーツ・ジャーナリズムが定着したことを指摘しておこう。『ア・ボーラ』という現在も読み継がれるスポーツ新聞が発展したのは、ベンフィカの国際的勝利と二人三脚だった。

六四―六五年のシーズンもベンフィカはチャンピオンズ・カップの決勝まで勝ち進んだ。すでに常連と言ってもよかった。しかし、ヨーロッパはもはやベンフィカに勝たせようとはしなかった。何しろUEFAが決勝戦の舞台に選んだ場所はサン・シーロ・スタジアム。相手は前年の覇者インテル・ミラノ、監督はカテナチオの生みの親エレニオ・エレーナだった。決勝戦開催地に関するベンフィカの抗議は黙殺された。サッカーの世界ではイタリアの方が発言力があるのだ。エウゼビオは怪我で不調、試合前の豪雨でグラウンドはぬかるみ状態、しかも熱狂的なミラノ・サポーターの応援、ベンフィカには何もかもが不利に働いていた。

この試合はベンフィカにとり苦い記憶となった。それは負けたからではない。負け方があまりにも悪かったからである。たしかに結果を見れば〇対一、善戦である。しかし唯一の失点は名手コスタ・ペレイラの「フランゴ」、股間を抜かれた凡ミスによるものだった。ブラジル人ジャイールが蹴ったボールが股間を通り抜ける瞬間を後ろから撮った写真が残っていて、とても恥ずかしい。しかも、そのペレイラも怪我で途中退場、当時はメンバー交代が認められていなかったから、試合中足をつったディフェンダー、ジェルマーノがゴールを守るというありさまだった。よくぞ一失点で終わったものだ。いや、むしろ後半はベンフィカの方が押し気味にゲームを進め、ミラノ・サポーターも不満をあらわにしたくらいだった。しかし、天にもUEFAにも見放されたベンフィカの三度目のヨーロッパ制覇はならなかった。ベンフィカとポルトガル・サッカーにとり唯一の救いは、エウゼビオがこの年の一二月、ポルトガル人選手として初めて『フランス・フットボール』誌によってバロン・ドール＝ヨーロッパ最優秀選手に選出されたことだった。

ワールドカップでの快挙

国連加盟国の数よりFIFA加盟国の数のほうが多く、新しい独立国が国連に加盟するより先にFIFA加盟を果たす現代では考えられないことだが、かつてワールドカップの地区予選は数少ない国の間でのみ戦われていた。

ポルトガルのワールドカップへの挑戦は第二回イタリア大会から始まったのだが、ポルトガルが入ったグループ「六」の対戦相手はスペインだけだった。つまりイベリア半島の二国で一つのグループを作り、予選を戦ったのだ。その頃はまだスペインに歯が立たなかった時代で、ポルトガルは宿敵スペインに二敗、特にマドリードのチャマルティン・スタジアムでは〇対九という屈辱的な敗北を喫している。ショックは大きく、そのスコアは流行歌の歌詞にもなった。続く三八年フランス大会の予選では、今度はスイスに破れW杯に出場できなかった。

五〇年ブラジル大会の予選では再びスペインと組まされ、ホームでは引き分けたものの、アウエーでは一対五の完敗だった。イベリア対決はこの年で終わり、五四年スイス大会の予選はオーストリアと同じグループに入り、アウエーでまた一対九という歴史的な敗北を喫している。五八年スウェーデン大会の予選から三カ国のグループに入り、ポルトガルはイタリアと北アイルランドと出場を競い合った。驚いたことに、北アイルランドがポルトガルだけでなくイタリアも退け、W杯出場を果たした。六二年チリ大会の予選は、すでに述べたように、イングランドとルクセンブルクと同一グループだったが、アウエーでのルクセンブルクに対する敗戦もあり、本選出場はサッカーの母国イングランドに譲ることになった。

そして、六六年イングランド大会が迫ってきた。ポルトガルはトルコ、ルーマニア、チェコスロバキアと出場枠「一」をめぐって争うことになった。チェコスロバキアはチリ大会の準優勝国だったから、ポルトガルにとり予選突破は予断を許さなかった。ポルトガルの勝利への歩みは六五年一月二四日、リスボンの国立競技場で始まった。相手はトルコ、五対一の完勝だった。エウゼビオはハット・トリックを達成した。第二戦の相手もトルコ。しかし、アウエーでは何が起こるかわからないのがサッカーだ。トルコ側は芝生のグラウンドの使用を拒否、土のグラウンドでゲームを行おうとした。もちろんポルトガルは抗議し、スタジアム変更を要求した。ポルトガル側の抗議は実ったが、イスタンブールからアンカラまで予定外の移動となり、試合は一日ずれ込み四月一九日月曜日、生えているのか生えてないのかわからないような芝の上で実施されることになった。それでもゲームを決めるのがエースたる所以であり、エウゼビオは悪コンディションの中フリーキックから唯一の得点を決め、勝利をもたらした。

四月二六日、ポルトガルはアウエーでチェコスロバキアを一対〇で破った。ゴールの主はもちろんエウゼビオ。まちがいなく「黒豹」あってのポルトガル代表だった。六月一三日、今度はポルトガルでルーマニアを撃破。ポルトガルは無敵だった。そして一〇月三一日、決戦の日がやってきた。もしポルトガルがチェコスロバキアに勝つか引き分けるかすれば、ワールドカップ初出場が決定。もしチェコスロバキアが勝てば、まだ彼らにもチャンスが残される。試合前、エウゼビオはルーマニア・サッカー協会から結婚祝をもらったが、得点はできなかった。しかし、相手も無得点、結果は引き分け。ポルトガルの本大会出場が決まった。ブカレストで喫した〇対二での敗北は、カレンダーの消化に過ぎなかった。

ワールドカップ初出場を決めたポルトガル代表のマスコットは、冑をかぶり、剣と盾を手に持ち、足元にサッカー・ボールを置いたバルセロスの鶏だった。一人の聖地巡礼者を冤罪から救った伝説の鶏だ。どんなに立派な雄鶏か見たい方はポルトガルのお土産物屋に行けばいくらでも目にすることができる。そして、ワールドカップ開幕の一ヵ月前、スポーツ新聞『ア・ボーラ』は代表チームのマスコットの名称を公募、多数の候補の中から「マグリッソ」を選んだ。それはポルトガルの伝説『イギリスの一二人』に出てくるポルトガル人騎士の中でも最高にかっこいい英雄の名前だ。国民的叙事詩『ルジアダス』の中で船乗りたちが暇にかまけて話し合う昔話の中に出てくる。イギリスで困難に陥った淑女たちを救うためポルトガルから呼ばれた一二人の騎士のうち、遅れて最後にやってきて、おいしいところを独り占めにするのがマグリッソだ。同窓会にわざと遅れてきて、注目を一身に集めようとするタイプの人物を思い起こさせるけれど、イギリスに旅立つポルトガルの勇者たちにはぴったりの呼び名だった。

七月八日に出発したポルトガル「外交団」の目標は一次リーグ予選通過、初出場国としては当然のものだ。遅刻はしていない。本番前のテストマッチでは、ノルウェー、スコットランド、デンマーク、ウルグアイ、ルーマニアに全勝していた。だが、イングランドにおけるポルトガルの掛け率は低かった。ベンフィカの活躍はヨーロッパ・レベルだったが、初めてW杯に姿を見せる代表の実力はまだ未知数だったのだ。

七月一三日、ポルトガルはいきなり「マジック・マジャール」、強豪ハンガリーと対戦した。黄金時代の名選手プスカシュ、チボールはすでにいなかったが、フローリアン・アルベルトがいた。しかし三一年間その日を待ちつづけたポルトガルはコンプレックスもなく、開始直後から攻勢に出て、何と一分でゴールを決めてしまった。長身のフォワード、ジョゼ・トーレスに相手のマークが引き付けられた隙をついたジョゼ・アウグストのヘディングだった。後半、いったんは追いつかれたものの、すぐに相手キーパーのミスをついてアウグストが二点目。三点目はエウゼビオが蹴った正確無比なコーナーキックをトーレスが決めた。ハンガリーのマジックはポルトガルの前ではすでに神通力を失っていた。ただし、不吉な背番号「一三」を背負ったエウゼビオは、終了間際、相手キーパーにパンチを浴びせられるなど、この日はストライカーとしての真価を発揮することはできず、幸運をもたらすことはなかった。

三日後、ポルトガルはブルガリアに三対〇と楽勝する。誰が見てもポルトガル人選手の技術の方が上回っていた。最初は相手の自殺点、さらにエウゼビオとトーレスが得点した。ヨーロッパを代表するストライカー、ゲオルギー・アスパルホフは脅威ではなかった。この勝利のおかげで、ポルトガルは次の試合、二点差以内なら敗戦でも決勝トーナメントに進むことができることになった。

その第三戦の相手はペレのブラジル、夢のチームだった。しかしこの大会のブラジルはおかしかった。すでにワールドカップ二連覇を達成し、ジュール・リメ杯の永久保持を目標にイングランドに乗り込んできたブラジルだったが、緒戦ブルガリア戦には勝利したもののペレを負傷させてしまい、第二戦の対ハンガリー戦にはペレ抜きで完敗してしまう。ハンガリーを破っているポルトガルとの第三戦に向け、監督のフェオラはスタメンを九人も代えるという思い切った策を講じた。誰もが初めて目にするメンバー構成だった。特に、GKにジルマールではなくマンガを起用したことには、「マンガを使うとは、とんだマンガサゥン（お笑い）だ」とマスコミから駄洒落を使って揶揄されてしまった。

六三年四月、ポルトガルはリスボンの国立競技場でペレがいたブラジルに一対〇で勝利したことがあった。六二年チリ大会の世界王者に対するこの勝利はワールドカップ予選を戦う上で大いに自信になったし、イングランドでの戦いにおいても貴重な経験となっていた。ポルトガルはブラジルを恐れる必要はなかったのだ。一九二六年から七四年まで続いたサラザール体制の時代、ポルトガルは「名誉ある孤立」を世界に誇りながら、イベリア半島の一角にひっそりと閉じこもっていたが、ワールドカップでは試合を重ねるごとに次第にファン＝味方を増やしていった。イギリスに移民した一五〇〇人のポルトガル人も誇らしげに祖国の代表を応援した。選手たちは「外交官」としての役割を十分に果たしはじめたのだった。

とはいえ、誰もがゲームの主役はブラジルだと思っていたはずだ。だが、いざ試合となると、ブラジル・イレブンは遅刻してピッチ上に姿を見せた。マグリッソを意識したわけではない。理由はＧＫマンガがエウゼビオのシュートを恐れトイレに閉じこもり一人震えていたからだという。ここまでくると日本語でも駄洒落が言える、そう、これでは本当に「漫画」だ。ブラジルはエウゼビオを前にすでに世界チャンピオンではなかった。実際、ホイッスル直後からポルトガルの攻勢が続いた。チーム一小柄のシモンィスがヘディングでシュートをを決め、さらにエウゼビオも代表に入って初めてヘディング・シュートを決めた。

ペレをマークしたのはモザンビーク出身のビセンテ・ルーカス（マタテウの実弟）、しかしペレの「処刑人」となったのはモライス、彼との衝突でペレは負傷し、途中退場となった。堪忍袋の緒の切れたペレは試合後、二度とワールドカップには出場しないと発言した。後半ブラジルはリウドが一点を返すが、エウゼビオが高速どころか光速シュートを決め、ポルトガルの勝利を決定付けた。世界王者を一蹴したエウゼビオとポルトガル・サッカーを世界が称えるときが来た。エウゼビオは世界一のプレーヤーという称号をペレから奪い取った！　と書いた地元新聞さえあったのだ。

準々決勝の相手はイギリス大会もう一つの台風の目、北朝鮮だった。北朝鮮は一次リーグ予選ではイタリア、チリ、ソ連を相手に一勝一分一敗、つまり彼らは九八年の日本代表が掲げた目標をすでに実現していたのだ。この試合は今に至るまでポルトガル代表のベスト・マッチと言われているが、それは単なる感動的な逆転劇などではない。ポルトガル人の短所が招いた苦境をエウゼビオが撥ね返して見せた教訓的なゲームなのだ。

スピードはあるが体が小さくてしかも下手くそ、ポルトガル人は北朝鮮の選手たちをこう評価し、油断していた。周囲の楽観論に合わせ調子に乗って油断する、「エスタール・ノ・セグーロ」は郷愁にひたりきる「サウダーデ」よりポルトガル人のメンタリティーをよく表している。試合が始まると、北朝鮮代表は持ち前のスピードでポルトガル・イレブンの慢心をついた。二三分間で三得点、機関銃のような攻撃に晒され、ポルトガル人たちは頭を抱えて立ち竦むしかなかった。同じ時刻、アルゼンチンと戦っていたイングランド代表選手たちは掲示板のスコアを見て、〇と三が逆にちがいないと思ったという。

意気消沈した同僚を尻目に一人だけ勇気を奮い立たせる男がいた。エウゼビオ、二〇世紀のマグリッソだ。相も変わらず早いテンポで攻めつづけようとする北朝鮮に対し、二七分ついにエウゼビオが一点を返した。みんなが両手を挙げ祝福の準備をした。しかしエウゼビオは同僚の喜びを無視、ゴールに転がるボールを拾い、センター・サークルへと急いで戻った。やはりポルトガル人は最高だ、みんながそう思いたいのはわかる、だがまだ一対三、簡単に口にすべきことではない、声に出さずともエウゼビオの顔にはそう書いてあった。一点を取り、ポルトガル守備陣は落ち着きを取り戻した。四二分、トーレスがPKを得て、エウゼビオが決めた。眉を吊り上げた彼の表情を見て、チームメイトはまたも祝福を先延ばしにした。二対三でハーフタイムを迎えることになった。

後半、北朝鮮イレブンには疲労の色が濃くなった。五八分、シモンィスのパスをまたエウゼビオがゴール。同点となった。しかし彼はまだ喜ばなかった。直後、エウゼビオはPKを得て、自ら決めた。一試合で四得点。そして逆転。彼は初めて笑顔を見せた。五点目はさすがに同僚ジョゼ・アウグストに譲ったが、奇跡を呼び込んだのがエウゼビオだったことは誰の目にも明らかだった。試合後の歓喜の中、オットー・グロリア監督は「ハーフタイムに選手たちを怒鳴りつけてやったんだ、目に涙を浮かべてた奴もいたくらいだ」と勝因を語った。エウゼビオは監督の言葉を「サッカーの監督からあんな言葉を聞いたことは後にも先にも一度もなかったよ」とコメントした。

グロリア監督が何を言ったのか今も謎のままだが、本当の勝因はもちろん「エウゼビオ」だった。国民病ともいえる「自信過剰」、「慢心」、「油断」、その裏返しとも言える「ペシミズム」、そのすべてを撥ね返したエウゼビオは、ポルトガル人の欠点をすべてプレーを通して克服してみせた。宿命をただ受け入れるだけでなく、抵抗すること、それがエウゼビオの教訓だ。

初出場でベスト・フォー。これが快挙でなく、何が快挙だろう。しかし準決勝、マグリッソスは地元イングランド代表を前にサッカーの聖地ウェンブリー競技場に立っていた。すべてを敵にして。名GKゴードン・バンクスはそれまでの四試合で失点〇だった。イングランドから大会初の得点を挙げる、エウゼビオに課された責務だった。事実上の決勝戦、六六年大会屈指の好ゲームとなったこの試合、先制はイングランドだった。ポルトガル守備陣の乱れを突きボビー・チャールトンが決めた。しかし、ポルトガルはゲームを捨てず、攻めつづけた。けれども、後半二四分、夢は終わりを迎えた。ハーストとの競り合いをジョゼ・カルロスがためらううちにボールはボビー・チャールトンの足元に転がり、容易にシュートを決められてしまったのだ。

ポルトガルは、ボールの有無に関わらず執拗なマークを怠らなかった、がに股のノビー・スタイルズに完全に抑えつけられていたエウゼビオのＰＫで一点返すのがやっとだった。本当はその後ボビー・ムーアがハンドの反則を犯したが、審判はＰＫを宣告しなかった。あとでイギリス人に殺されたくなかったのだろう。ゲーム終了後、エウゼビオは人目はばからず子どものように泣いた、ユニフォームの裾で涙を拭いながら。控え室に戻っても今度はバスローブをさらに一時間以上も涙で濡らした。エウゼビオのポルトガルといえども、サッカーの母国が勝たなければならないという絶対的な宿命を変えることはできなかったのだ。

「神よ、なぜこんなことがわが身に起こるのか」、エウゼビオは嘆いた。『ザ・ガーディアン』紙は、ポルトガルは延長に値した、と書いた。一方『デイリー・スケッチ』紙は、ポルトガルから来た誇り高き騎士たちは最後の一息まで戦い、中世の騎士のように死んでいった、と記した。イギリス人はマグリッソスの由来を知っていたのだろうか。

最強のグループでの戦い、北朝鮮との激戦、イングランド戦の失意、ソ連との三位決定戦に臨んだポルトガルは誰が見ても疲れきっていた。試合運びは慎重だった。一二分、エウゼビオがＰＫを決めリード。世界最高のキーパー、ヤシンが悲嘆に暮れるのを見て、ゲーム中であるにもかかわらずエウゼビオは彼を慰めた。しかし、ソ連も四四分に同点に追いつく。ソ連のマンツーマンの堅い守備にポルトガルはてこずったが、八八分、トーレスが決勝点を挙げ、ポルトガルは三位に輝いた。エウゼビオは九得点を挙げ、大会得点王となった。三位入賞により、サッカーの世界地図に初めてポルトガルが描きこまれることになった。六六年大会の勝者はもちろんイングランド、だが選手としての勝者はエウゼビオではなかったか。決勝戦の翌日、エウゼビオはロンドンの街角でボビー・チャールトンにポートワインを一ダース直接手渡した。悲しい敗北の後にも勝者に対する祝福を忘れない、スポーツマンとして、人間としても最高だった。

戦いが終わり、リスボンの空港には夜中の三時に着いた。でも群集は神の降臨のように選手たちを歓迎した。翌日、選手たちはオープン・カーに乗ってリスボンの目抜き通りをパレードし、サラザールに迎えられた。さらにアメリコ・トマス大統領にも官邸に招かれた。いつでも記者やファンに囲まれるようになった。代表メンバーは国民的英雄となったのだ。さらに、エウゼビオにはインテル・ミラノから三〇〇万ドルの移籍話が舞い込んだ。彼はサインしたのだが、イタリアがワールドカップの不成績を理由に外国人プレーヤーの登録を認めなかったので、その話は立ち消えとなった。実現していれば、同時に移籍する予定だったボビー・チャールトンとの史上最強のツー・トップが見られたはずなのだが……。

億万長者になる夢は破れたが、エウゼビオにとり栄光の日々が続いた。しかし彼にとり一番思い出深い歓迎はきっと次のエピソードではないだろうか。八月のある日エウゼビオはリスボンのシアード地区にあるレコード店に行った。すると慎ましやかな服装を着た婦人がサインを求めた後、彼に白い封筒を渡した。中に何が入っているのだろうと思い、後で封を切ると、九〇エスクードが見つかった。ワールドカップで挙げた九得点に対する感謝の印だった。

孤高の政治とエウゼビオ

一九六〇年代はポルトガル・サッカーにとり第一期黄金時代といわれる。代表はW杯で大活躍、ベンフィカはチャンピオンズ・カップを二連覇、スポルティングもカップ・ウィナーズ・カップを制した。しかし、黄金の輝きが社会全体を明るく照らし出していたわけではなかった。

六〇年代、ポルトガルはアフリカ大陸の三植民地で戦争を続け、貧しさに幻滅した農民たちは仕事の機会を求めてフランス、ドイツ、イギリスなどヨーロッパの先進国に移民を始めていた。植民地住民だけでなく、ポルトガル本国の住民にも抑圧的だった政府は国際社会から非難され、孤立していた。

一九二八年に首相となったサラザールは、体質はきわめて古い国家体制だったにもかかわらず、「新国家」と呼ばれる抑圧的な体制を築き上げた。ＰＩＤＥ（国防国際警察）という政治警察を創設し、国民から自由を奪い、反対する者は時にこの世から抹殺さえした。農村的なエートスを善としたサラザール首相が群集を毛嫌いしたため、憲法に結社の自由が認められないどころか、屋外で三人以上の人が集まってはいけなかった時代だった。サラザールはヒトラーやムッソリーニに親近感を抱いていたが、ドイツやイタリアと違い、ポルトガルでは競技場に大群衆を集め、「新国家体制」のイデオロギーを称揚するような儀式はまったく行われなかった。

しかし、例外はあった。それも何千ではなく何万という人々、いや男たちが階級も貧富も老若もイデオロギーの差も問われず一堂に会して、感情表現をしてよい場所があったのだ。サッカー場そしてスタジアムである。女性はサッカーに関わることなく家庭を守っていた。サラザールはサッカーを禁止しなかったし、庶民がそこに熱中するのを妨げようともしなかった。それどころか、むしろ国民の不満の捌け口として大いに利用さえしたのだ。

そんな体制の国に一九六〇年エウゼビオは植民地モザンビークからやってきて、ドリブルしながら、フェイントで相手をかわしながら、そして強烈なシュートを決めながら、ベンフィキスタに、そしてポルトガル人に喜びを与えつづけたのだった。たしかに、六六年ワールドカップでは世界が彼の活躍に驚嘆した。ベンフィカの赤いユニフォームを着て海外のクラブと戦うときも、国籍に関係なくサッカー・ファンなら誰でも彼のプレーに魅了された。けれども、エウゼビオの得点のほとんどすべては、華麗なプレーの大部分は、イベリア半島の片隅に閉じこもっていたポルトガル人のためだけのものだった。喜びを忘れた国民にとり、毎週日曜日の午後に訪れる束の間の解放感だった。

サラザールは自らが築き上げた「新国家体制」を維持するためにポルトガルを外界から閉ざし、イベリア半島の一角に閉じ込めようとしていた。貧しく遅れていたことを思えば、「孤高」であったとはとても言えないけれど、当時のポルトガルは十分に国際社会から「孤立」していた。「孤高」を謳う「孤立」した国の住民を大人しくさせるため、大国としての（偽りの）プライドを抱かせるため、サッカーそしてサッカー選手をどう利用すればよいかサラザールは心得ていた。特にエウゼビオの重要性はしっかりと把握し、彼を国外のチームに放出することは絶対に許さなかった。エウゼビオは毎週日曜日、ポルトガル国民に「阿片」としての喜びを与えることを政府から期待され、また当局はエウゼビオが外国のクラブに移籍した場合、彼の活躍を伝える海外ニュースがサッカー以外の情報も同時にもたらしてしまうことも恐れていた。当時の反体制派インテリは、エウゼビオとポルトガル・サッカーの勝利が社会の遅れの一因になっていると考えていた。

ベンフィカがリーグ戦の三連覇を達成し、チャンピオンズ・カップの決勝進出を果たした六四―六五年のシーズン、イタリアのユベントスがわずか二二歳のエウゼビオの獲得に動いた。かなりの額が提示されたという。ベンフィカはもちろんエウゼビオを放出したくなかったが、他からも圧力がかかってきた。サラザールはわざわざ彼を首相官邸に呼び寄せ（これが三度目だった）、こっそりと耳打ちした。「君は外国に行ってはならないよ、国宝なのだからね」。国宝という点においてサラザールは間違っていなかった。しかし、エウゼビオの返事がふるっていた。「国宝の私がなぜ税金を払うのですか？」。サラザールはそれには何も答えず、話はそこで終わったが、エウゼビオが言うにはサラザールはかなりのサッカー通だったようだ。サラザールとの会談後、税金どころか、エウゼビオは徴兵の義務を果たすことも余儀なくされ、軍のサッカー・チームで九ゴール決めたりもした。

ポルトガルが決める「孤高」のポーズは、外国人選手の登録を認めない点にも見られた。ポルトガル・サッカー界は「本土」と「植民地」からしか選手の登録を許可せず、五〇年代に入りポルトガル・リーグにアフリカ系の選手が増えはじめたのはそのせいだった。六六年大会のイレブンにも、植民地出身のアフリカ系選手として、マリオ・コルーナ、ビセンテ・ルーカスなど、エウゼビオ以外にも数名の選手がいた。ドイツやポーランドの代表チームにもようやくアフリカ系プレーヤーが出てきた現在から思うと、早くから見られたアフリカ人プレーヤーの活躍は、ポルトガルが時代の先を行っていた証明のようにも見えてくる。でも本当のところそれは歴史の皮肉により、時代遅れの政治がポルトガルをある意味でサッカー先進国にしていたということであり、実際はポルトガルが植民地を手放そうとしない最後の植民地国家だったということの証なのだ。また、創造性と自由な判断力を必要とするサッカーと全体主義はほんらい相性が悪いはずなのに、ポルトガル・サッカーが魅力的だったのは、アフリカ人という他者がいたからなのだろう。

サッカーと政治は別、そうあるべきなのだろうけれど、そうでないことが多いのだろう。政治を理解しようともしなかったエウゼビオは、単純に政治とスポーツは別と当初は考えていたようだった。しかし、サッカーをしてゴールの喜びを純粋に求めただけのエウゼビオも、サラザール体制に大いに利用されていることに気づく日が来た。自身もＰＩＤＥの監視下に置かれていることがわかり、「自分は政治に利用されている」と自覚するに至ったが、そのときはすでに十分に利用されてしまっていた。植民地支配を国際社会から批判されるポルトガルの代表チームのシンボルがアフリカ出身の黒人プレーヤーというのは、人種的不寛容の実態をカムフラージュするのにきわめて有効だった。エウゼビオは、ポルトガルが多人種国家の〝ふり〟をするにはもってこいの存在だったのだ。また、彼の国際的な名声や活躍はポルトガルの卑小さや遅れを隠蔽し、逆にポルトガルの偉大さを国民に訴えるには欠かせない道具でもあった。エウゼビオは同胞たちに敵対的だった体制に図らずも多大な貢献をしてしまったのだ。

さて、政治が最も鮮明な形でサッカーの現場に持ち込まれた出来事として、六九年六月のポルトガル・カップ決勝戦がある。ベンフィカ対コインブラ・アカデミカ。アカデミカは今でこそほぼ全員がプロ化しているが、当時はまだコインブラ大学の学生を中心として構成されていたクラブ・チームだった。そんなチームの決勝進出は、六八年五月フランスで盛り上がった学生運動の余波を受けていたポルトガルに相応しいものだった。六六―六七年のシーズンすでにリーグ戦で二位となり、ポルトガル・カップでも準優勝したアカデミカのエース・ストライカーはアルトゥール・ジョルジュ、後の代表監督である。彼は文学を嗜み、クラシック音楽を愛するインテリ学生だったが、選手としても一流だった。場所はサラザール時代のシンボル的存在、国立競技場。

アカデミカのユニフォームは昔から黒だが、その日にかぎり選手たちは白いシャツに黒の腕章をつけようとした。抑圧的な体制下ではいつも喪に服しているようなものだというメッセージを伝えたかったのだろう。もちろんそんなことはサッカー協会の判断で許可されなかったが、スタンドには学生たちが掲げる横断幕が溢れていた。「教育改善、警官削減」、「大学自治」、「銃、兵営、抑圧を減らせ」など、反体制的な言葉がスタンドを埋め尽くした観衆の目に晒された。一方、政府もただ手を拱いていたわけではなく、観客の間にPIDEを紛れ込ませていたし、国民への悪影響を恐れ国営放送にTV中継を実施させなかった。しかもこの試合アルトゥール・ジョルジュは「規律上の」ではなく「政治的な」理由でプレーを禁じられ、出場できなかったのである。

ゲームはドラマティックな展開を見せた。両者相譲らず〇対〇のまま迎えた後半三五分、アカデミカが先制したのだ。ついに反政府の狼煙が上がった、そう思った人も少なからずいたはずだ。ベンフィカ・サポーターの中からも歓声が上がったくらいだ。その光景を目にした体制派は気が気でなかったはずだが、ベンフィカのシモンィスがすぐに同点ゴールを決めてくれた。そして延長に入ると、常に体制派の期待を裏切らなかったエウゼビオが決勝点を挙げたのだった。

サラザリスタ＝サラザール支持者はエストゥダンテス＝学生たちの反乱をひとまず押さえつけることができたと安心しただろうが、勝利を収めたベンフィカが皮肉にも〝共産主義的に〟真っ赤なユニフォームを着ていたことは不吉な暗示に思えたのではないだろうか。反体制的な学生たちは結局、体制的なクラブ・チームの前に屈してしまったが、五年後にサラザール体制がもろくも崩れ去ったことを思うと、六九年ポルトガル・カップ決勝は体制が終わりの始まりを迎えつつあったことの兆しだったのかもしれない。

政治は滑稽な形でサッカーに介入したこともあった。「社会学」に含まれる「社会」という言葉が「社会主義」を思い起こさせるという理由だけで、その学問研究が禁じられた時代らしく、共産主義の「赤」を連想させるという理由でベンフィカのプレーヤーは「ベルメーリョス」（赤）というニックネームを剝奪され、代わりに「エンカルナードス」（肉色）と呼ばれるようになったのである。この「エンカルナードス」は体制が変わっても今日まで使われつづけているけれど、サポーター集団「赤い悪魔」は自由な時代の産物らしく「ディアボス・ベルメーリョス」を名乗っている。

一九六〇年代、暗いメランコリーの時代を生きたポルトガルにアフリカの陽光をもたらしつづけたエウゼビオは、ポルトガル人に言論の自由を与えた一九七四年の「四月二五日革命」の後、サッカーと彼自身に投げつけられた「人民の阿片」という蔑称に耐えなければならなかった。左傾化したインテリや学生はエウゼビオや他のサッカー選手たちを無知蒙昧な庶民の偶像として貶めようとした。しかし、エウゼビオは怯まなかった。サッカーも止まらなかった。エウゼビオもサッカーもサラザールの政治に利用された、それは事実だ。でも「革命」の熱気が冷めたとき、国民はエウゼビオとサッカーが政治そのものではなかったことを理解した。むしろ、自由を得たポルトガル国民は以前よりもっとサッカーを、エウゼビオを愛するようになったのだった。

激しい闘いの後に

どんな名選手にもスパイクを脱ぐ日はやってくる。エウゼビオにも終わりの日は迫ってきた。まずはベンフィカの赤いユニフォームを脱ぐ日が。そしてユニフォームそのものを脱ぐ日が。

一九七四年四月二五日の「カーネーション革命」によって生まれた政府は、アフリカの植民地をすべて独立させることにし、エウゼビオの故郷モザンビークは七五年六月二五日に独立を達成した。それに合わせたわけではないのだろうけれど、エウゼビオは翌月、ベンフィカそしてポルトガルを後にし、アメリカへと旅立った。七四―七五年は、現役時代「ポルトガルのベッケンバウアー」と呼ばれ、「ユーロ二〇〇〇」ではポルトガル代表を監督として率いたウンベルト・コエーリョがベンフィカの新しいスターであることを証明したシーズンで、逆にエウゼビオはわずか二ゴールしか挙げられなかったのである。七五―七七年の二シーズンで彼はアメリカのミニッツ・メン、ラスベガス・クイック・シルバーズ、カナダのトロント・メトロス、メキシコのモンテレイでプレーした。アメリカではペレと同じニューヨーク・コスモスでプレーする可能性もあったのだが、同一チームに二人のスーパースターは不要と判断した協会側の意向で彼らは別々のチームでプレーすることになった。

海外での冒険を切り上げたエウゼビオは、ポルトガルに、もちろんベンフィカに戻るつもりでいた。しかし、ベンフィカの会長がかつてのチームメイトたちの要望を無視してエウゼビオを練習生扱いしようとしたので、誇り高き彼は断った。スポルティングの誘いも拒んだ。そして、七七年一一月、北部アベイロのチーム、ベイラ・マルと契約を結んだのだった。年俸ではなく、報酬は試合ごとに支払われるという前代未聞の契約だったが、客を呼べるエウゼビオとの契約はベイラ・マルにとり悪くない商売だった。

スポルティング相手に一得点挙げたあと、七八年一月五日、ベイラ・マルはベンフィカと対戦することになった。最初エウゼビオはプレーを拒否した。モザンビーク時代、デスポルティボを相手にしたときと同じように。そして実際のゲームでは、遠慮したのではないだろうけれど、得点を挙げなかった。試合は二対二の引き分け、彼にとりベストの結果だったのかもしれない。しかし、ベイラ・マルの二部降格を防げなかった彼は、次のシーズン、やはり二部リーグにいたウニアン・デ・トマールに移籍、そこでも念願の一部昇格を果たすことはできなかった。すでにポルトガルのストライカーといえば、ジョルダン、フェルナンド・ゴメス、マヌエル・フェルナンデスという時代だった。

栄光のベンフィカの一員としてエウゼビオは、リーグを一一度、ポルトガル・カップを五度、ヨーロッパ・チャンピオンズ・カップを一度制覇した。さらに北米サッカー・リーグとメキシコ・リーグでも優勝を経験している。リーグ得点王なら七回、そのうちゴールデン・ブーツ賞を二度（六八年と七三年）獲得し、六五年にはポルトガル人としては初めてヨーロッパ最優秀選手賞バロン・ドールに輝いている。代表では六四試合を戦い、三三勝一九敗一二分、四一ゴールを挙げている。また、左膝を六回、右膝を一回、計七回も膝の手術を受けたエウゼビオは、切断に至らなかったことを神に感謝し、その数を世界新記録だと言って笑う。寛大な彼は汚い反則をした選手さえいつも赦し、たった一度だけ報復のためにフリーキックを相手の顔面に命中させ失神させせたときも、試合後すぐに病院まで見舞いに赴き、謝罪しているくらいだ。

エウゼビオはベンフィカとポルトガル代表で七一五試合を戦い、七二七ゴールを決めた。さらにモザンビーク時代、北中米時代を含めれば一一三七ゴールになる！　ベンフィカと代表で彼にパスを送りつづけたアントニオ・シモンィスは、「他の選手なら私たちはゴールを覚えているだろう、でもエウゼビオは違う、たった一度のシュート・ミスを人は憶えているんだ」と、六八年五月のチャンピオンズ・カップ決勝戦（対マンチェスターU）のシュート・ミスを回顧する。エウゼビオの晩年共にプレーしたウンベルト・コエーリョは「フリーキックのとき彼とボールのそばに立つことがよくあったけれど、するとこう言うんだ、穴が見えるってね。私た

★

ちだってよく観察したさ、でも穴なんてなかった。けれどエウゼビオは彼にだけ見えた穴めがけてボールを蹴り、たくさんゴールを決めたんだ」と語る。

ゴールはどれも嬉しいと言うものの、エクスタシーを感じた最高の五ゴールの一つに対日本代表戦での得点を入れている。我らが釜本が憧れたのも無理はないのだ。そして、現役生活を通じたった一度しか退場処分を受けなかったエウゼビオは、ペレ、ディ・ステファーノ、ベッケンバウアー、ボビー・チャールトン、クライフ、プラティニ、プスカシュ、スタンリー・マシューズ、レフ・ヤシンとともに、FIFAが選んだ二〇世紀のベスト・イレブン（世界代表）の一角を占めた。そのうち二人が黒人プレーヤーだが、二人ともポルトガル語を話すのは、ポルトガルとアフリカ大陸との関わりをよく示すようでとても興味深い。「すごく誇りに思うよ、世界代表に二人の黒人がいるだろう、一人はブラジル人、もう一人はアフリカ系ポルトガル人、つまりペレと自分だ。あとはみんな白人さ。ペレはラテンアメリカを代表し、私は南部アフリカとヨーロッパを代表するのさ」。ベスト・イレブンに選ばれたという知らせを聞いたとき、控えめな性格のエウゼビオは「控え選手」でないことを喜んだという。

引退後、エウゼビオはベンフィカのコーチを務めルイ・コスタ少年の才能をたった二回のボール・タッチで見抜いてみたり、少年サッカースクールを開校したり、常にサッカーに関わっているが、けっしてクラブ・チームあるいは代表チームの監督になろうとはしない。アントニオ・オリベイラ監督になってからは代表チームの海外遠征に帯同し「大使」としての役割に専念、どこかペレに似た生き方を選んでいる。築き上げた栄光を汚さないためにはそれで良いのだろう。

シュートが放たれる。ボールがネットを揺さぶる。その瞬間、スタンドあるいはテレビの前で私たちは大きな達成感に満たされる。ゴールとはよく言ったものだ。誰よりも数多くの達成感をポルトガル人そしてサッカー・ファンにもたらし、サッカーとは自己犠牲ではなく喜びだと今も信じる男の姿は二一世紀も人々の想像の世界で生きつづけるにちがいない。ポルトガル・サッカーと言えばルイス・フィーゴ、なんて軽々しく口にする人はあまりに遅く生まれたことを悔やむべきなのかもしれない。もう誰もエウゼビオのようにプレーすることはできない、もはや誰もエウゼビオのようなプレーヤーを目にすることはできないのだから……。

★

Ⅳ 黄金の世代の栄光と挫折

Glórias e Frustrações da Geração Áurea

「我々は良い試合をした、チャンスだって何度も創った。けれどシュートの瞬間ツキに見放され、またしても不運の犠牲となった……」

不特定多数の代表監督、コーチそして選手たち

ゴールデン・エイジの幕開け

総括するには早すぎるかもしれないけれど、振り返ってみれば一九九〇年代はポルトガルにとり良い時代であったと言っていいだろう。政治は安定していたし、経済も成長しつづけた。一九九五年に起こった社会民主党から社会党への政権交代も、政府に大きな失策があったからというよりは、テレビや新聞で目にする政治家の顔ぶれを変えたかったという側面の方が強かったからであり、景気の後退らしきものも実際あったけれど、国民の生活水準は一貫して上昇しつづけたのだから。

確かに、ヨーロッパの中ではわりと安全と言われてきたポルトガルの治安は悪化しているし、犯罪の凶悪化や低年齢化など、今の時代に特有の社会問題はポルトガルにも見られる。喧嘩ならまだしも、夜のディスコで銃撃戦なんて、私が暮らしていた頃では考えられなかったことだ。

また、裕福になる「ポルトガル」もある一方で、中央政府から見捨てられ中世さながらの姿を未だに晒すもう一つの「ポルトガル」もある。日本でもニュースになったように、二一世紀に入って早々、北部のある農村では一九世紀末に架けられたまま老朽化していた橋が崩落し多数の死者を出したりもした。粗を捜そうとすれば、いくらでも出てくるだろう。けれども、一〇年間をまとめて振り返ってみれば、やはり一九九〇年代ポルトガルは幸せな時代を過ごしたと言えるのではないか。EU加盟の恩恵をたっぷりと享受できた一〇年間だったのだ。

そして、サッカーは……。サッカーも時代とは無縁ではない。時代を作ることもあるのかもしれないけれど、やはり時代の流れを映し出すもう一つの鏡だ。だからポルトガル社会が「モダン」になるにつれ、ポルトガル・サッカーも「モダン」になったと言えるだろう。もちろん、「モダン」という言葉は一義的ではなく、良くも悪くも解釈できる。良い点をあげるとすれば、ポルトガル人選手の高い技術がそのまま維持されながら、国際経験の蓄積によりスピードとフィジカルが向上したことだ。悪い点としては、例えば九〇年に「ペナフィエル・ゲート」なんていう、審判を巻き込んだ八百長事件が起こっている。サッカー界の腐敗を示す出来事を一つも知らないポルトガル人サッカー・ファンは一人もいないと言われているくらいなのだ。

さて、九〇年代のポルトガル・サッカーはスタートから好調だったと言えるだろう。確かに、八六年ワールドカップ・メキシコ大会の後は「サルティィージョ事件」の後遺症で、パウロ・フットレなど国際レベルにあった有力選手が代表チームに呼ばれず、「C代表」あるいは「D代表」が国際試合を戦うなんていうスキャンダラスな状況が続き、一九九〇年ワールドカップ・イタリア大会には、予選でチェコスロバキアに前回の借りを返され出場できなかった。

でも、九一年、地元で開催したワールドユースでは二年前のサウジアラビア大会に続き、二連覇を成し遂げることができた。その二大会で活躍した選手たちの名前を見ると、現在、世界中のサッカー・ファンを魅了するプレーヤーたちの多くがそこから羽ばたいたことがよくわかる。フェルナンド・コート、カプーショ、ジョルジュ・コスタ、ルイ・コスタ、ジョアン・ピント、そして今やジダンに次ぐ高価な男ルイス・フィーゴ。ヨーロッパの名門クラブで活躍し、現在のポルトガル代表の中心メンバーとなる選手は、そのまま八九年と九一年のワールドユース優勝メンバーだったのだ。彼らが今、「黄金の世代」と呼ばれるのも当然である。

しかし、「黄金の世代」の代表における「物語」は後にして、まずはクラブ・レベルの話から一九九〇年代を振り返ってみよう。

★

エリクソン監督とベンフィカ

現在、史上初めて外国人としてイングランド代表の指揮をとるスウェーデン人監督ズベン・ゴラン・エリクソンは、ベンフィキスタ（ベンフィカ・ファン）にとり「アンタッチャブル」である。ベンフィキスタならみんな彼に関して、良い思い出ばかりを語ることができる。エリクソンは攻撃的サッカーと長く味わえなかったヨーロッパでの勝利をもたらしてくれたのだ。

おそらく日本人にとり、エリクソンといえば、イタリア・セリエAの名監督という印象が強いのではなかろうか。けれど、彼が初めて海外のクラブの指揮を執ったのはポルトガルのベンフィカだ。彼は八二年スウェーデンの名門チーム、エーテボリの監督としてUEFAカップを勝ち取り、その実績を引っさげリスボンにやってきた。三四歳という若さだった。シーズン前、真夏のキャンプでいきなり、エリクソンはその厳格な性格を遺憾なく発揮し、一日二回のトレーニングを課し、しかも練習中、選手には水を一滴たりとも飲ませないという厳しさを持って臨んだのだ。俺たちの肉を食おうとしているんじゃないか？　そうこぼした選手もいたという。

その若さに疑問を呈す人は少なくなかったけれど、エリクソンは最初の一年間（八二―八三年）で周囲をすべて納得させてしまった。「ドブラディーニャ」、すなわち国内リーグとポルトガル・カップの二冠を達成し、UEFAカップでは準優勝して見せた（決勝でベルギーのアンデルレヒトに敗れた）。その翌シーズン（八三―八四年）も、ベンフィカはリーグ戦を制した。攻撃的サッカーを愛するエリクソンの贈り物に、すべてのベンフィキスタは歓喜したのだった。もっとも、さすがに不器用なデンマーク人フォワード、マニックを連れてきたときは批判されたけれど、だったらベンフィカはパオロ・ロッシを買えるのか？　と反論し、雑音を消してしまった――もちろんベンフィカにイタリアの英雄を買えるはずがなかった。

八三―八四年のシーズン、優勝したベンフィカは八六得点に失点が二二、二位のFCポルトは六五得点に九失点だった。この数字を見れば、いかにベンフィカが攻撃的サッカーを見せたかがわかるだろう（FCポルトの年間九失点というのも凄い！）。けれど、目ざといセリエAのチームがエリクソンの能力を見逃すわけはなく、一方、財力でベンフィカがカルチョの強豪チームに勝てるわけもなかった。

私は八四年秋からポルトガルに暮らしはじめたのだけれど、ローマ（ラツィオではなくASの方だ）へと旅立ったエリクソンへの「サウダーデ」（＝ノスタルジー）を口にするファンは少なくなかった。すでに言ったが、私が初めて目にしたベンフィカを率いていたのは、契約もつれから一ヵ月もしないうちにリスボンを後にしたクロアチアの名将トミスラウ・イビッチの後釜として急遽呼ばれたハンガリー人パル・チェルナイで、勝てないだけでなく、点も入らない、単調でつまらないサッカーを展開していた。

しかし、ベンフィカはエリクソン時代の喜びを忘れることができず、八九年、彼をイタリアから呼び戻すことに成功した。北欧の人にとりポルトガルの太陽はよほど心地よいものらしい。そして、エリクソンのベンフィカは三シーズンの間でリーグ戦を一度制し（九〇―九一年）、また九〇年にはチャンピオンズ・カップの決勝戦まで進出している。エリクソンは二度目もけっしてベンフィキスタの期待を裏切ることはなかったのだ。九二年にまたイタリアに戻ったが、その後の活躍は日本でもよく知られるところだ。

八九―九〇年のシーズン、国内リーグは、フランス帰りのアルトゥール・ジョルジュ監督率いるFCポルトのものとなったが、ベンフィカはチャンピオンズ・カップで勝ち上がった。デリー・シティー（北アイルランド）、ホンベド（ハンガリー）、ドニエプル（ソ連）を立て続けに破り、準決勝ではフランスの強豪オランピック・ド・マルセイユと対戦した。ベンフィカにいたブラジルのモゼール（私は彼をリスボンのショッピング・センター、アモレイラスで見たことがあるけれど、とにかく〝デカイ〟という印象しか残っていない）、ティガナ、デシャン、クリス・ワドル、フランチェスコーリ、パパンなど錚々たるメンバーを揃えた好チームだった。

マルセイユで行われた第一戦、ベンフィカは一対二で敗れた。先制したのだが、ソゼーとパパンにゴールを決められ、逆転されたのだ。でもアウエーでの一対二は悪くはない。そして二週間後のルース・スタジアム。十一万人の観衆が集まった。私も一度だけ経験があるが、一一万観衆の応援は地鳴りのように腹の底に響く。試合はというと、ベンフィカはポルトガル人の欠点を露呈、シュートを打たず、中盤でのパス交換に専念、しばしばボールを奪われていた。名古屋でもプレーしたブラジル代表バルドの惜しいシュートもあったけれど、ベンフィカの攻撃は次第に勢いを失っていった。

ゲームを決めたのは後半の七分に交代で出てきたアンゴラ人選手バタだった。ピッチにあがってから三〇分後、コーナーキックのボールをバタは「ハンド」でゴールに押し込んだ。いや、厳密には「アーム」だ。誰が見ても不可思議なシュートだったけれど、ベルギー人の審判はゴールを認めてくれた。一説によると、その審判は以前別の試合でベンフィカに不利な笛を吹いた過去があり、その埋め合わせだったとも言われる。ポルトガルでは単純に「バタの手」として知られるようになったそのゴールは、フランスではマラドーナのゴールとは反対に「悪魔の手」として語り継がれるようになった。ちなみに、同じようなことは九五年のコパ・アメリカ準決勝ブラジル対アルゼンチン戦でもあって、ブラジルのトゥーリオがハンドで決めた決勝点はブラジルでは「トゥーリオの手」と呼ばれ、アルゼンチンではやはり「悪魔の手」として知られるようになったという。「神」の名に値する選手はそうはいないのだ。それともポルトガル語を話すと「悪魔」にされてしまうのだろうか。

マルセイユの会長ベルナール・タピは試合後、耳を疑いなくなるようなコメントを残している。「選手はマルセイユの方が上だが、役員はベンフィカの方が優れているようだ」。ベンフィカが裏で手を回したと言いたいのだろうが、これくらいならまだいい。しかし審判については「いったいどれだけの数の娼婦があてがわれたんだ?」と侮辱の言葉を口にした。自分のことは棚に上げ、ずいぶんと失礼なことを勝手に思いこむものだ。失脚、逮捕にいたるスキャンダル発覚は目の前だった。一方バタは優等生みたいなことを言っている。「ハンドかどうかわからない。でも全身全霊を込めたゴールだったことは確かだね。今はとにかく決勝に出られてうれしいだけだよ」。私も予想外の勝利がうれしかった。

でも決勝は相手が悪すぎた。ファン・バステン、フリット、ライカールトというオランダ・トリオのいたACミランだったのだ。私は大差の敗戦を予想してしまった。〇対三、あるいは〇対四。いくらエリクソンのベンフィカとはいえ、アリゴ・サッキ監督が築いた最強のクラブ・チームに勝てるわけがない。唯一、期待を抱かせたのは、場所が三年前FCポルトがチャンピオンになったプラター・スタジアムだったことくらいだった。ところが、意外にもベンフィカの守備陣が奮闘し、失点は一点だけだった。攻撃には見るべきものはなかったから、しかたのない結果だった。私は、よくもまあ、決勝まで来れたものだ、さすがエリクソンだ、と敗北にも納得してしまった。私はエリクソンはもちろん、選手も誰も批判するつもりはなかった。

エリクソンはベンフィカに勝利をもたらしただけではない。彼の下でプレーしたベンフィカの選手たちが引退後、クラブ・チームの監督になるケースが多いのだ。それは彼がポルトガル人選手にサッカーのプロとしての自覚を徹底させたからである。エリクソンはポルトガル人に新しいメンタリティーを植え付けることにも成功したのだ。

エリクソンがベンフィカを離れ、もう一〇年近くになる。その後も国内リーグを制したことはあるけれど、ベンフィカは一度も魅力溢れる強いサッカーを見せたことはなく、ヨーロッパでの活躍といえば、九四年UEFAカップで準決勝まで勝ち進んだことが目立つくらいである。FCポルト、スポルティングだけでなくボアビスタFCやスポルティング・デ・ブラガなど中堅クラブの後塵を拝しつづけるチームを見ていると、エリクソン時代があまりにも魅惑的で、懐かしく思えてならないのだ。

それにしてもどうしてベンフィカは勝てなくなってしまったのだろうか。九〇年代を通して、リーグ戦をわずか二回しか勝てず、カップ戦となると優勝は一度だけ、しかもその決勝戦ではベンフィカ・ファンのロケット花火がスポルティング・ファンを直撃、死亡させてしまうというポルトガル・サッカー史上最悪の不祥事を起こしてしまったのである。確かにベンフィカはクラブの体質改善を必要としている。しかしすべてのベンフィキスタが認識すべきは、変化は断絶ではなく、安定と停滞は別だということである。ベンフィカのような長い歴史を持つ大組織の変革は静かにゆっくりと行わなければならないのだ。前シーズンと別の監督が指揮をとり、まったく別のイレブンがプレーするなんてことが毎年のように繰り返されてよいのだろうか。FCポルトが長い間フロントの核を壊さず、地域密着型のチーム作りを継続させているのに比べ、金庫と相談もせずにただやたらと高い買い物をしつづける傭兵集団＝ベンフィカのやり方を見ていると、九〇年代の低迷は当然と思えてくるのだ。

二〇〇一年四月、ベンフィカは「自社株」を株式市場に公開し、新しい段階に入ったと悦に入ったけれど、これが本当の改革になるのだろうか。二〇〇〇年秋に就任したマヌエル・ビラリーニョ会長はベンフィカをベンフィキスタに返すと約束したが、金持ちの株主にクラブを手渡すだけということにはならないのだろうか。彼はマネーこそが魔法の杖だという幻想から逃れている人物なのだろうか。たとえ株売却で何十億エスクードという大金がクラブの金庫に入ったとしても、金がすべてという妄想から自由にならないかぎり、フロントの組織がしっかりしないかぎり、そして他所のクラブから有名選手を買ってくればいいという安易な解決策に頼るのをやめないかぎり、庶民派のクラブ、最も人気のあるクラブ、ポルトガル最大のクラブ、そうした看板を下ろさなければならない日がいずれ来るかもしれないのだ。

ところで、余談と言うには重大すぎるのだが、九〇年一一月、ポルトガル・リーグでは「ペナフィエル・ゲート」と呼ばれる八百長事件が起こった。クラブお抱えの審判の噂というのは他にも耳にした覚えがあるけれど、これは司法の場で審判が裁かれるまでに至ったのでよく憶えている。ペナフィエル対ベレネンセス戦の直前、審判控え室にサッカー協会の役員が突然入ってきて、主審の笛を吹く予定だったフランシスコ・シルバに「小切手を出しなさい」と命じた。シルバは一体何のことかという表情を見せたが、役員は「録音テープがあるのだ」とさら

★

に付け足した。シルバがバッグを開くと確かにそこには二〇〇万エスクードの小切手が見つかった。二部降格の危機にあったペナフィエルの会長が自分のチームに有利な笛を吹くように頼むためのものだった。

シルバはテーブルの上に小切手を置かれたが、返す時間がなかったのでバッグにしまっておいただけだと弁解し、無実を主張した。でも、ペナフィエルの会長はシルバからの電話を受け、小切手を用意したと告白した。大いにメディアは騒いだけれど、結局、シルバが会長にお金を要求するのを聞いたという証言が複数出てきて、彼には追放処分という厳しい審判が下された。

「控え室の腕時計」なんて話はいくらでも耳にするから、この事件に関し、ポルトガル人の多くは「氷山の一角」と言うだろう。悲しいけれど、その後もポルトガル・サッカーに腐敗や汚職は後を絶たない。サッカーに純粋な喜びを見出すなんて、今では古き良き時代の幻想なのだろう。

長い「断食」の果てに

スポルティング・クルーベ・デ・ポルトガル（スポルティング・リスボン）の公式サイトを見ると、「ポルトガルで唯一カップ・ウィナーズ・カップを制したクラブ」と誇らしげに書かれている。ヨーロッパ各国のカップ戦王者により争われたカップ・ウィナーズ・カップはもうないから、その栄誉は永遠なのだろうが、正直言って哀れを誘う見栄に思えてならない。カップ・ウィナーズ・カップ制覇を強調することはつまり、三大クラブの中で唯一チャンピオンズ・カップを制していないクラブという事実の裏返しであり、さらに言えば、ポルトガル・リーグさえあまり勝っていないことを暗に仄めかしてさえいるのだ。

事実、スポルティングというチームはすごく禁欲的なのかどうか知らないけれど、八一―八二年のシーズンにリーグ優勝を果たして以来ずっと一八年間もベンフィカとFCポルトにチャンピオンの座を譲りつづけてきたのである。シーズン前に大枚をはたき、ワールドクラスのプレーヤーを含め高価な有名選手でメンバーを補強して、シーズン当初は勝ち続けたとしても、秋の気配が濃くなると俄かに失速し、終わってみると二位か三位あるいは四位にいるという事態を長く繰り返した。チームのニックネーム、ライオンのように登場し、でもいつも終盤は

「陶士の足のロバ」と化し、よろよろと歩いているのだった。新監督・選手の獲得に大金を使い、しかも負けつづけるこうした現象を指して「スポルティング化」という新語も造られたが、その悪影響がはっきり現れているのが隣人ベンフィカだ。新語の生みの親スポルティングでは八二年以来、一八年間で五回も会長が交代し、監督の数は三〇名近くを数えた。これだけの不安定さで優勝できるチームを作れというほうが無理なのだろう。

「ジェジュン」(断食)、幾度となくこの言葉をスポルティングに関して耳にした。九〇年代に入ると、リーグ戦は圧倒的にFCポルトの独壇場で、ベンフィカが二回リーグ制覇しただけで、それ以外の年は、優勝カップがポルト市を流れるドーロ川を越えたことはないのである。スポルティングのファンはマゾヒスティックでなければやっていけないのではないか、そんなことすら考えた。九〇年代前半の会長ソーザ・シントラはよく審判批判を行っていたけれど、それ以上に彼の言葉で印象に残るのは、スポルティングは空の小切手を切りつづけ、選手や役員は半年以上も給料を受け取っていない、というものだ。八〇年代にもそんな噂を聞いたことがあるが、それではクラブの士気が上がらなくとも仕方ない。

勝てないスポルティングを象徴するのが九三―九四年のシーズンだった。九三年の「暑い夏」、高給取りの選手に給料が払えなくなったベンフィカはパウロ・ソーザとパシェコというスター選手を手放さなければならなくなった。パシェコは国内レベルのプレーヤーだったが、パウロ・ソーザは後にボルシア・ドルトムントとユベントスでヨーロッパ・チャンピオンになるあのパウロ・ソーザだ。二人を迎え入れたのはスポルティングだった。

契約を終えたばかりのパウロ・ソーザは記者会見で、「長年過ごしたベンフィカを離れ、スポルティングと契約し終えた今の気分は?」という質問に対し、「ベンフィカでは素晴らしい日々を過ごせたよ、応援してくれる人もいたしね、でも僕も将来を考えなければならないんだ。ベンフィカにはそれをわかって欲しいね。今はとにかくスポルティングが優勝できるよう貢献することだけを考えているよ」。心意気は良かった。

九三―九四年のシーズンの優勝候補筆頭は、パウロ・ソーザなど効果的な補強を行ったスポルティングだった。監督はボビー・ロブソン、今をときめくフィーゴだっていたのだ。そして、いつも通りソリッドなチームを作るFCポルトが続いた。スターを失ったベンフィカはあまり期待を感じさせなかった。シーズン開始早々は大方の予想通り、スポルティングが首位に立った。

★

しかし、スポルティングは日の当たる道を長く歩けるチームではなかった。一二月、UEFAカップの三回戦でザルツブルクに敗れ、ロブソン監督が更迭されると(彼はこのとき監督になって初めて首を切られた）、チームは戦意を喪失し、首位の座を滑り落ちてしまった。後任に抜擢された元代表監督カルロス・ケイロスにも一度やる気をなくした選手たちを再び奮い立たせることは至難の業だった。

九三―九四年のシーズンにかぎりFCポルトは不安定な試合を続け、逆にスポルティングの凋落を利用したのはベンフィカだった。監督は生え抜きのトニー、クラブが給料をいつ払うかわからない、そんな状況下でチームをまとめることができたのはトニーの人徳だろうし、キャプテンを務めたジョアン・ピントのカリスマ性があったからだろう。早熟の天才、ゴールデン・ボーイ、ジョアン・ピントは短気な性格で、キャプテンには向かないとも言われたが、ボアビスタからベンフィカに移籍してからずっとチームを引っ張ってきていた。

シーズン終盤、スポルティングはベンフィカをホームに迎えた。勝ち点差は「一」。勝てば優勝が見えてくる。ゲーム展開はスリル溢れるものとなった。まず開始八分、スポルティングが先制する。三〇分にジョアン・ピントが同点に持ち込み、五分後、フィーゴの得点でスポルティングが勝ち越す。三七分、またジョアン・ピントがゴールを決め、前半終了直前、彼が逆転のシュートを入れる。前半は「黄金の世代」の競演だった。

ハーフタイムの後は、スポルティングではなく、ベンフィカのショーとなった。ブラジル人イザイアスが二点挙げ、エルデルも決めた。その時点で六対二、終了直前バラコフが一点返したけれど、六対三、スポルティングの完敗だった。この勝利をきっかけにベンフィカは優勝へまっしぐら、スポルティングは二位の座もFCポルトに譲ってしまった。九〇年代スポルティングが最もリーグ制覇に近づいた年も、ジョアン・ピントのワンマンショーにより、こうして幕を閉じてしまったのだった。

とはいえ九〇年代スポルティングが全くタイトルを取れなかったわけではない。一九九五年、ユースサッカーの革命家カルロス・ケイロス監督の下、一三年ぶりに公式戦に勝利したのだった。ただし、それはリーグ戦ではなく、カップ戦だった。いつものように六月一〇日、国立競技場で行われたポルトガル・カップの決勝戦は、大西洋に浮かぶマデイラ島から遠路はるばるやって来たマリティモのサポーターが誇示する赤と緑のチームカラーを完全に消し去るくらい緑と白のスポルティング・サポーターで溢れかえった。

リーグ戦に比べ価値の劣るカップ戦とはいえ、勝利に飢えたスポルティンギスタたちは久しぶりにめぐってきた美酒を味わうチャンスを見逃すことはできなかった。観戦に訪れた女性教育大臣には花束を差し出すくらい機嫌がよかった。前年の決勝戦で彼女はスポルティング・ファンからやじられたのだが。彼らの興奮の度合いがあまりに高かったのか、ウォーミング・アップの途中、雰囲気にあおられた警察犬がスポルティングのディフェンダーに噛み付くというおまけまでついたくらいだった。ゲームはヨルダノフの二得点で決着がつき、大観衆の前でカップを両手で掲げたのは、旧ポルトガル領カボ・ベルデ出身の元ポルトガル代表選手オセアーノだった。

しかしこの優勝は後味が悪く、その夜リスボンのバイロ・アルト地区でカボ・ベルデ出身の若者が複数の青年たちに襲われ、殺されるという痛ましい殺人事件が発生したのだ。六月一〇日は今でこそ「ポルトガルの日」と人畜無害な名称を持つが、サラザール時代は「人種の日」と呼ばれ、「ポルトガル人種」を称える日だったのだ。その日行われたゲームで、カボ・ベルデ出身の有色人種選手が優勝カップを手にしたことへの腹いせ的な報復という背景があったのかどうかはわからないが、ポルトガル社会に潜む人種差別意識を露呈させた事件だったことはまちがいない。この事件のせいでスポルティングの勝利はあっという間に過去のものとなり、その夏、ポルトガル人は人種差別反対のデモを行うなど、〝政治的に正しい〟行動に熱中したのだった。

さて、サッカーの神様はその存在の証を立てるかのように、粋なはからいをすることがある。一九九九—二〇〇〇年、二〇世紀最後のリーグ戦、勝者はスポルティングだったのだ。九六年に会長になったジョゼ・ロケッテは、「プロ・サッカーにも四月二五日革命を起こそう」という掛け声を発し、スポルティングを「スポーツ株式会社」に変貌させた。幸い株の売却はクラブの財政を潤わせ、シュマイケル、アコスタなど日本でも有名な選手を次々と獲得することができた。いや、有名選手を買うだけならそれ以前の会長たちと変わらない。

しかし、ファンやメディアからのプレッシャーが強いせいで、しばしば判断力を失い選手や監督の名声に騙されたりもしたスポルティングだが、ロケッテはメディア対応に優れた役員を雇うことで周囲の雑音を消すことに成功した。そしてフロントが全面的な信頼を現場の監督に与え、チームの運営を任せきることで、リーグ戦という長丁場を乗り切り勝利することができたのだ。しかもその監督アウグスト・イナシオが八二年に優勝したときのメンバーだったという事実には、何かの因縁を感じないわけにはいかない。

スポルティングで五シーズン過ごしたルイス・フィーゴはスポルティングによるリーグ制覇をポルトガル・サッカーの変化の兆しとみなしていたけれど、さて二一世紀のポルトガル・リーグはどうなるのだろうか。とにかく、エコロジーが重視される時代、歓喜するスポルティンギスタが国中を緑と白で染め上げてくれたことは良かったのだと思う。

ヘゲモニーの中の五連覇

私がポルトガル・サッカーに出会ったとき、つまり一九八〇年代の半ば、ポルトガル・サッカーのヘゲモニーはすでに「北」に移りつつあった。確かに八〇年代はベンフィカが五回リーグを制し、スポルティングも優勝しているから「南」のほうが優位だったように表面的には見える。けれど、ヨーロッパ選手権やワールドカップの代表チームの骨格を形成したのはFCポルトのプレーヤーたちだったし、UEFAのカップ戦で活躍したのもFCポルトだった。

FCポルトの優位は九〇年代に入るとさらに強固なものとなっていった。九〇―九一年および九三―九四年のシーズンこそベンフィカがリーグを制覇しているけれど、あとはすべてFCポルトの天下だった。九四―九五年のシーズンから始まった五連覇は前人未到の偉業ではあるが、逆にいえば他のチームの不甲斐なさも表しているのだ。

よく首が飛ぶベンフィカやスポルティングの会長が大して役に立たない外国の選手を大枚はたいて買ってきて結局無駄遣いしているのに対し（大クラブの借金は政府が補塡するのが慣例だ）、ＦＣポルトのピント・ダ・コスタ会長は一九八二年に就任以来、実力はあるのにチームで才能を活かしきっていない選手を安い値で買ってきてＦＣポルトで活躍させ、数年後に高い値段で他のチームに売り、また別の選手を安く買ってきて、同じように儲けるという商売を繰り返している。金儲けだけでなく、チームの新陳代謝もできるのだから、彼の戦略は非常に効果的だ。本当の商人なのだ。また、ピント・ダ・コスタ会長は審判の買収疑惑が持ち上がったり、相手チームのサポーターに殴られたり、自分のボディーガードがベンフィカの会長を殺すと脅迫したり、いろいろなスキャンダルに巻き込まれながらも生き残ってきた筋金入りの人物だ。クラブの金をくすねて警察の厄介になるようなどこかのクラブの会長とは違うのだ。

ＦＣポルトのリーグ戦五連覇は一九九五年に始まった。そのときの監督はスポルティングを首になったイギリス人ボビー・ロブソンだった。名将アルトゥール・ジョルジュを招き、ルイ・コスタを手放した代わりにベルギーの名ＧＫプロドムを連れてきて、チームの大改造を行ったベンフィカは最初から不調だった。スポルティングはいつものように獅子のように登場したけれども、次第に調子を落とし、五月にＦＣポルトに破れ、その息は絶えた。

一九九七年、FCポルトは三連覇を達成した。勝ち点で二位のスポルティングに一三点、三位のベンフィカには二七点の差をつけての完璧な優勝であった。政治の大きな出来事はポルトガルからスペインに及ぶことがしばしばあるけれど、経済の流れはやはり大から小に及ぶ。この年の五月、スペインのクラブ・チームの成功の影響を受け、FCポルトはスポーツ株式会社を設立し、クラブ役員は文字通りビジネスマンに、会員は株主に、ファンは消費者になった。そして選手は、ユニフォームへの愛着を捨てた。こうした重商主義の到来を前に変化を嘆くだけでは芸がないとはいえ、古き良き時代の終わりはどうしても悲しい。たとえ、問題は「ユニフォームへの愛」と「サッカー・ビジネス」の間の選択ではなく、ポルトガルのクラブ・チームがヨーロッパの強豪クラブの中で生き残るのかあるいは滅びるのかの選択だと言われたとしても……。

九八年、ポルトは四連覇を果たす。ポルトガル・リーグ史上、スポルティングに次ぐ二度目の快挙だ。ベンフィカは監督にグレアム・スーネスを、スーネスはポボルスキーを連れてきてチームの改革を図った。しかし、FCポルトの前には歯が立たなかった。ポルト対ベンフィカの直接対決は二―〇で前者が完勝、ただし両チームの乱闘になった。ジョアン・ピントを殴ったFCポルトのサントスは、ピントが回復し試合に出られるようになるまで試合出場停止という珍しい処分を受けた。なかなか良いアイディアではないだろうか。

そして九九年、ポルトは史上初の五連覇を達成。国内無敵を示した。意味もなくイギリス人選手に頼るベンフィカなどもはや敵ではなかった。当初は不安定だった試合運びもバルセロナから戻ってきたGKビットル・バイーアの加入で安定した。彼は九九年に戻ってきたからという理由で、九九番というキーパーらしくない、いやサッカー選手らしくない奇妙な背番号をつけた。このシーズン、二位に入ったのは同じポルト市の古豪ボアビスタFC、いよいよ「北」のヘゲモニーが徹底したという印象を与えた。九〇年代はFCポルトの「黄金の一〇年間」であり、ポルトガル・エ・ソ・リスボア、ポルトガルはリスボンだけ、という時代の完全なる終焉でもある。

★

カルロス・ケイロス監督の悲しい運命

九〇年代、ポルトガル人選手と代表チームの国際的地位が急速に高まった最大の要因は、若手選手育成の成功である。一九九八年ワールドカップを制したフランスの選手育成については日本でも多くのことが語られているが、ポルトガルでも近年のユース世代の成長は大きなサクセス・ストーリーである。

今から半世紀前の一九五〇年代、サッカーの関係者はまだ子どもたちが本格的にボールを蹴りはじめるのに相応しい年齢を議論していた。当時の感覚では、一八歳で草サッカー、本格的な選手らしくなるのは二五歳以降のことだった。しかし、今は違う。どのクラブもかなり早い段階から才能のありそうな子どもを発掘、育成し、チームに貢献してもらった後は、高い値段でもっと裕福な有力チームに買い取ってもらう、そんなビジネスに取り組んでいる。例えば、スポルティングはオランダのアヤックスの若手育成システムを真似している。

　また、クラブだけでなく、有名選手が引退後、個人名を冠したサッカースクールを開設することも九〇年以降、流行のようになっている。はしりは「ユーロ二〇〇〇」のポルトガル代表監督だったウンベルト・コエーリョが始めたサッカースクールで、エウゼビオもそれに倣い、さらにやはり代表でもプレーしたルイ・アグアス（元ベンフィカ）、カルロス・シャビエル（元スポルティング）らも続いている。興味深いことに、まだ現役だがパウロ・ソーザもサッカースクールを経営しているし、ヌノ・ゴメスは古巣ボアビスタのフォワード養成学校の運営に関わっている。

　しかし、ポルトガル・サッカーの革命がカルロス・ケイロス監督によってもたらされたことを忘れてはならない。現在ポルトガル代表がＦＩＦＡランキングでトップ・ファイブに入っていられるのも彼のおかげといっても過言ではないくらいなのである（ポルトガル人プレーヤーが海外の大クラブで活躍できるのはボスマン裁定のおかげでもあるだろう）。イタリア代表ディノ・バッジョがオフサイドの位置から決めたゴールによって九四年ワールドカップ・アメリカ大会に代表監督として出場する夢はかなわず、名将アーセン・ベンゲルの後を受け継いだ名古屋グランパスエイトでもあまり芳しい結果を残せなかったが、ユース世代の育成に関し、ケイロス監督の功績は歴史に書き残されるべきものである。

ケイロス監督は「科学的な監督」と呼ばれるように、すべてを厳密に計画立てて実行する合理的思考の持ち主であり、また二四時間働きつづけることができると言われたこともあるくらいタフな人物でもある。他の監督が「人生の大学」で得る個人的な経験に基づき選手を指導するのと異なり、「本当の大学」で身につけた体育学の知識に自分の経験を織り混ぜたケイロスの育成方法は極めて科学的だ。

八〇年代半ば、ユース代表チームの育成を任されると、ケイロス監督は選手育成の基本と考えた二大目標を達成することに全エネルギーを注いだ。すなわち、一つは新しい才能を見出しポルトガル・サッカーの質的向上に貢献すること、いま一つは大会で好結果を出すこと、この二点である。そのために国内各地域のサッカー協会の協力を得て、全国大会の開催を実現した。

具体的には、かなり早い段階で選手たちは各地域の選抜チームに召集され、地域チーム間のゲームを通してサッカー協会の指導者による評価を受けた。その中で特に目についた選手は何度も合宿に呼ばれ、さらなるテストを受け、ポルトガル・ユース代表に選出されるのである。若い選手に国際経験を積ませるためにポルトガルは一五歳以下と一七歳以下の国際大会も開催しており、そこで得た経験を糧に国内の主要クラブに移っていくのである。思い起こせば、ポルトガル・サッカーの黎明期には各地域内のクラブ間だけでなく、各地域を代表するクラブの間でもゲームが組まれることが多かったから、ケイロスのやり方は原点に帰った強化策と言えないこともないのだ。

アルガルベで開かれる一五歳以下のトーナメントからはすでにフィーゴ、ジョアン・ピントら世界的な名選手が輩出されているが、外国人としてもカントナ、ラウドルップ、デュガリーなどがこのトーナメントから育っている。ポルトガル・サッカー協会は財政的にはけっして豊かではないにもかかわらず、ケイロス監督の下、若手の才能を開花させ、八九年、九一年のユース世界一へと飛躍したのである。

ただし、カルロス・ケイロスはその後A代表の監督になったが、残念ながらそのときはうまくいかず、たいした成績を残すことはできなかった。九一年に就任、九四年ワールドカップの出場を目指したが、ケイロス本人が言うポルトガル・サッカー協会が犯した数々の「ポルカリア」（愚行）のせいでそれはならなかったのだ。

ポルトガルが入った予選グループ「一」には、ポルトガルの他、イタリア、スコットランド、エストニア、マルタ、スイスの五ヵ国がいた。W杯常連のイタリアは別として、若手の成長著しいポルトガルにも大きなチャンスがあると思われた。一方ワールドカップの本大会には弱いが予選にはめっぽう強いスコットランドも今度ばかりは輝きを失っており、エストニアとマルタには引き立て役以上の役割は期待されていなかった。気がかりはスイスだった。

メディアの予想は、イタリアが一位通過、二位をポルトガル、スイス、スコットランドで争うというものだった。けれど、驚いたことに(失礼か?)、スイスが常に安定した戦いを展開し、グループ首位に立ったりもした。予選も終盤にさしかかり、ポルトガルが本大会出場を決めるための条件は、まずホームでスイスに勝ち、続いてエストニアに四点以上の差をつけて勝ち、そうすれば最終戦のイタリアに対しては引き分けで十分というものだった。イタリア戦はACミランのホーム、サン・シーロ・スタジアムだったから、引き分けすら困難と思われていたのだが。

ポルトガルはスイスをポルト市に迎え、勝利を収めた。リスボンではエストニアに勝利した。ただし三対〇だった。あと一点を取れないところがポルトガルのポルトガルたる所以かもしれないが、イタリアに勝ちに行かなければならなくなったのはなんと言っても辛かった。九三年一一月一七日、私はその日、アフリカのギニア・ビサウで開かれることになっていた独立二〇周年記念の国際会議に向かう途中立ち寄ったリスボンにあるショッピング・センター、アモレイラスでそのゲームをテレビ観戦した。当日の新聞には「世紀の一戦」なんて書かれていた。

しかし、サン・シーロという場所はよくなかった。

六五年五月、クラブ・チャンピオンズ・カップ決勝、エウゼビオのベンフィカはインテル・ミラノに〇対一で敗れたのだが、その唯一の失点は大して強くもなかった相手のシュートを股の間に通してしまったGKコスタ・ペレイラの「フランゴ」(キーパーの凡ミス)だった。苦い敗北の記憶が蘇り、私は嫌な予感がした。そして悪い予感とは的中するもので、オフサイドの位置にいたディノ・バッジョのシュートが得点と認定され、ポルトガルは敗れ、ワールドカップにさようならを告げたのだった。その夜テレビのニュースでは何度もバッジョのシュート・シーンを放映し、審判を批判したけれど、もちろん判定が覆るわけはなかった。

カルロス・ケイロスとサッカー協会の対立は監督就任以来ずっと続いており、彼が一〇年来練りつづけていた様々な構想も破棄された。例えば、ケイロスは協会技術委員会の権限強化、代表チームのマーケッティング、代表チーム・ソシオ(会員)制度導入、選手および指導者養成のためのサッカー・アカデミー設立、リーグ所属チーム数の削減(一八から一四チーム)などを要求したが、すべて容れられなかった。フランスは国立サッカー研修学院を作り、世界一になったけれど、ポルトガルがそうした施設を作るには、先に世界一にならないとだめなのだろう、ポルトガルはインプロビゼーションの国なのだから。代表の練習や国際試合に使われる国立競技場の控え室には、今でも二二人の選手が入れるだけのスペースさえないというのが実情である。

ワールドカップ予選の間にも、リーグの日程、予選会場の選択、選手起用法、契約更新など協会との対立は終わらず、ケイロス監督の言う「ポルカリア」は後を断たなかった。それでもイタリアを追い詰めたのだから、むしろケイロスは高く評価されるべきなのだろう。事実、ポルトガル代表の監督を辞めた後、Jリーグの名古屋グランパスエイトを含め、その後、彼は海外の数多くのチームから監督を任されている。

九六年秋、名古屋に来て間もない頃、ケイロス監督はポルトガルの新聞のインタビューに答えているが、その中には祖国への強い愛、さらに自分を裏切った祖国の人々への皮肉が見られ、辛い気持ちにさせられる。自分は代表のためにすべてを犠牲にしてきた……、ジョアン・ピントやフィーゴが一三歳のときから一緒に仕事をしているが、彼らが成長してみると、二、三ヵ月一緒にプレーしただけなのに、私より彼らのことをよく知っているといわんばかりの人々がいる……。ポルトガルには私が狂人でバカで無能だと証明したがっている人がいる……。私はポルトガル・サッカーにとり、ポルトガルにとり卑小すぎる（本当は逆なのに）、だから人間の暮らす他の場所に行かなければならないのだ……。

預言者は故郷に入れられず、カルロス・ケイロス監督の経歴を見ていると、そんなことを思わずにはいられない。

ユース代表の活躍

私は都内の大学でポルトガル語の教師をしているが、学生と話をしていて一つの変化に最近気がついた。ポルトガル語を学ぶ動機としてサッカーを口にする学生は必ずいるのだが、Jリーグの影響もあって以前は必ずブラジルのサッカーだった。しかし今は、ポルトガル・サッカーに魅了され是非ともポルトガル語を学んでみたいと思ったという学生が出てきたのである。

おそらくはセリエAなどヨーロッパのトップ・リーグで活躍するポルトガル人プレーヤーの名前が次第に日本の若いサッカー・ファンの間に浸透し、そして「ユーロ二〇〇〇」で活躍したポルトガル代表の魅力あふれるパスワークが決め手となったのだろう。私にもポルトガル・

サッカーについて語り合える学生がやっと現れたのである。でも「黄金の世代」と呼ばれる現在の代表メンバーの原点はカルロス・ケイロスが築いた八九年ワールドユース優勝メンバーにある。突如ふってわいて出てきた世代ではないのだ。

私の年代のサッカー・ファンにとり、一九七九年日本で開かれた第二回ワールドユースに出場、ベスト・エイトまで進出したポルトガル・ユース代表の健闘は記憶の片隅くらいには残っているかもしれない。ディアマンティーノ、ジョアン・ピント（FCポルトと代表チームで右サイドバックとして活躍した選手。現在代表でプレーする選手とは違う）、ゼ・ベト（FCポルトの気性の荒い、「規律」に問題を抱えていた元GK。路上でも「規律」を欠いたらしく若くして交通事故で死亡）らの名前が当時のメンバーの中に見える。八〇年代、国の内外で好プレーを披露した彼らは、私にとり大きなシンパシーを感じさせてくれるのだ。

その後ポルトガルの若者たちは国際大会から姿を消してしまったが、一〇年後、彼らは世界の桧舞台に戻ってきた。オイルダラーの夢の国、サウジアラビアに。首都リヤドにポルトガル代表一行が着いたとき、優勝候補と見なす者はいなかった。しかしポルトガル代表メンバーには勝者の精神が張っていたのだ。第一戦の相手は強いフィジカルを誇るチェコスロバキア。ポルトガルはゲーム終了直前に得点を挙げ勝利をものにしたのだが、流れを変えたのは後半から出場したジョアン・ピントだった。九〇年代のA代表に常に名を連ねる彼も、八九年大会のスタートは控えだった。またパウロ・ソーザも途中出場で、しかもこの大会では大して目立たなかった。九〇年代、A代表のゴールを守り抜いたビットル・バイーアは八九年のチームの正キーパーだったのだが、怪我のため本大会には出場できなかった。

第二戦、対戦相手のナイジェリアの監督は試合前「五対〇でポルトガルに勝つ」と公言して憚らなかった。しかし、アフリカ人選手特有の精神的な不安定さにつけこんだポルトガルは、先発したジョアン・ピントのゴールで勝利した。彼は以後ずっと先発を維持した。また緒戦は控えだったフェルナンド・コートもこの試合から先発出場している。次のサウジアラビア戦、ポルトガル・イレブンには疲労の色が濃く、動きが悪かった。そして後半だけで三点を奪われ、大会中唯一の敗戦を喫してしまった。しかしこの試合、サウジアラビア代表の監督がブラジル人、主審もブラジル人で、ポルトガルの敗戦は仕組まれていたようにも思えた。奇妙な審判の割り振りはともかく、ポルトガルはベスト・エイトに残った。

準々決勝の舞台、ファハド国王スタジアムは鮮やかな緑に彩られていた。いや染められていたというべきだろう、試合中、ボールもスパイクも緑色に変わってしまったのだ。得点は一点のみに終わったが、ポルトガルは対戦相手コロンビアを優勢な試合運びで一蹴した。そして事実上の決勝戦と言われた準決勝の対ブラジル戦はポルトガル以外の誰もがブラジルの勝利を予想した。一方、試合前ポルトガルのテレビに出ていた解説者や監督経験者らが自信に満ちていたのが意外に思われたが、彼らは傲慢だったわけではなく、ケイロス監督が育てた若いタレント軍団を信頼していたのだった。ポルトガルの得点は後半挙げた一点だけだったが、ブラジルの攻撃を完全に封じ込め、決勝戦へと駒を進めた。この勝利により、どんな相手にも位負けしない新しいメンタリティーを持つ選手が誕生したのかもしれない。

決勝は再びナイジェリアとの試合になった。ナイジェリアも今度は油断しなかったはずだ。しかし、ポルトガルはひるむことなく、二得点を挙げ、ＦＩＦＡの国際大会における初優勝を遂げたのだった。ケイロスは「一点はナイジェリアに勝つために、もう一点はアラブ人を納得させるために取った」と言った。アラブ人だけでなく、世界がポルトガルの若い世代の能力を認めた。リスボンのポルテラ空港は大きなフェスタとなった。

二年後、舞台は地元ポルトガルだった。ケイロス監督は大会前「ポルトガルにとり唯一の敵は調子の悪いポルトガルのみ」と公言し、開幕後もスタジアムを工事していた慢性的国民病＝怠惰は敵とは見なされなかった。この大会でプレーした選手を見ると、現在のA代表とほぼ重なっている。アベル・シャビエル、ジョルジュ・コスタ、ルイ・コスタ、フィーゴ、カプショ、ジョアン・ピント……、黄金のイレブンだった。

緒戦からポルトガルは好調だった。アイルランドを二対〇で下し、次のアルゼンチン戦では守勢に回りながらも三対〇で勝利。第三戦では韓国を一対〇で下した。準々決勝は延長の末メキシコに二対一で勝った。準決勝の対オーストラリア戦では例によって決定力不足を露呈したが、ルイ・コスタが挙げた虎の子の一点を守りきり決勝へと歩を進めた。

そして六月三〇日ルース・スタジアムで行われた決勝の相手はブラジル。やはり優勝候補とされていたチームだ。エメルソン、ロベルト・カルロス、エウベルなど現在の「セレソン」を支える顔が見られた。ブラジルは何度も決定的なチャンスを作りながらも、ポルトガルのGKブラッサールの攻守に阻まれ、ゲームはPK戦に持ち込まれた。ブラジルはマルキーニョスが失敗し、ポルトガルは最後にルイ・コスタが決めて二連覇を達成した。リスボンだけでなく、国中がお祭り騒ぎとなった。カバコ・シルバ首相（当時）は世界で勝利する「新しいルジタニア（ポルトガル）人」の誕生を祝福した。

もちろん、どんなエリート世代にも不遇な人はいる。八九年のチームのキャプテン、アベルは大会後一度たりとも一部リーグのチームでプレーすることなく今も二部リーグのチームを転々としている。また逆にユース時代は不動のスタメンというわけではなかったのに、今では

A代表のゲーム数で歴代三位にまで達したフェルナンド・コートのような選手もいる。その彼も現在はドーピング疑惑で出場停止中だ。

栄光と挫折の螺旋、サッカー選手も人生の掟から逃れることはできない。

★

九六年の成果と限界

ポルトガルはいつだって「移民」の国だった。今でこそアフリカや東ヨーロッパから「移民」が流入しているけれど、この場合はもちろん外に出て行く「移民」のことだ。でも、サッカーの世界は違った。閉鎖的なサラザール体制はポルトガル人選手が海外のクラブに出て行くことを長く許さなかった。一九六二年、ジョルジュ・ウンベルトが名前を変えてアカデミカからインテル・ミラノに移籍したのはきわめて例外的な出来事だった。

ポルトガル人プレーヤーが海外へ冒険の旅に出たのは一九七〇年代後半だった。パリに向かったウンベルト・コエーリョやジョアン・アルベス、スペインに行ったフェルナンド・ゴメス、ビットル・ダマス、アントニオ・オリベイラ、ルイ・ジョルダンらのケースが有名だが、みんな短期間で「帰国」している。ポルトガル人は外国では使えない、そんな評判を残したまま。

八〇年代、ポルトガル人選手のイメージは改善した。確かにボルドーに行ったフェルナンド・シャラーナのケースは、本人の選手生命さえも縮めてしまったのだから完全に失敗だったと言うべきだろう。けれど、やはり小柄なルイ・バロスはユベントス、モナコ、マルセイユで活躍し、パウロ・フットレはアトレティコ・マドリードでは英雄だった（最後は流れ流れて横浜フリューゲルスにたどり着いた）。カルロス・マヌエルのシオン（スイス）でのプレーは、あまり話題にならなかったがチームの司令塔として活躍していた。ポルトガルの選手も海外で活躍できることが証明された一〇年間だった。

そして九〇年代、忘れた頃にポルトガル人選手の移籍話がまとまるという時代は終わりを迎えた。海外におけるポルトガル人プレーヤーの評価はうなぎのぼり、でも一方では悲しいことにポルトガルのクラブ・チームの財力不足も明白になった。「黄金の世代」に給料を支払えるクラブはもうなかったのだ。まずルイ・コスタが口火を切った。九四年ベンフィカからフィオレンティーナに移籍、二年目のシーズンにはスクデット（リーグ優勝）を勝ち取った。パウロ・ソーザも九四年ユベントスへ移籍している。九五年にフィーゴがバルセロナへ、フェルナンド・コートもパルマ、バルセロナ、ラツィオといった名門チームを渡り歩いている。彼らは行く先々でリーグ戦を勝ち、ヨーロッパでもチャンピオンになっている。

さらに「ボスマン法」が施行された後は、ポルトガル人選手の行き先はイタリアとスペインだけでなく、イギリス、フランス、スペインの二部リーグなど、幅広くなっている。現在ポルドーで活躍するパウレタはポルトガルの一部リーグで活躍することもなく、海外で実力を発揮した珍しいケースだ。EU圏内で労働者の移動に制限がなくなると、外国の優秀な人材がポルトガル人を圧倒してしまうのではないか、そんな風にポルトガル人の能力が懸念されたこともあったのだが、少なくともサッカーに関しては十分に競争力を発揮、高い評価をものにしている。サッカー選手はワインやコルクに代わりポルトガル最高の輸出品となったのだ。

九二年のヨーロッパ選手権、九四年のワールドカップへの出場はならなかった。その頃はまだ「黄金の世代」の選手たちも国内リーグでプレーしていて、いくらユース大会で世界一になったとはいえ、国際経験もあまりなく、厳しいヨーロッパの戦いを勝ち抜くだけの強さを身につけてはいなかった。だから、アルトゥール・ジョルジュでもカルロス・ケイロスでも、ヨーロッパの壁を突破できなかったのだ（すでに見たように他にも理由はあるが）。

しかし、アントニオ・オリベイラ監督の下、ポルトガル代表は九六年ヨーロッパ選手権イングランド大会に出場を果たした。九四年、ネロ＝ビンガーダ監督の後を受け代表監督に就任した際、オリベイラにとり監督としての最高業績はリーグ戦一二位というもので、まだ三大クラブを指揮したことがなかった上に、率いたチームを二部に降格させたこともあるなど、クラブ・レベルでの実績が乏しく、適格な選択とは見られなかった。しかも彼の兄はオリベデスポルトというスポーツ用品会社の出資者で、同社がサッカー協会と取引をしていたため、兄の「マーケッティング」によって監督になったとメディアに叩かれたこともあった。オリベイラ監督は大きなプレッシャーと不信感の中で予選を戦わなければならなかった。しかし、いざ予選が始まると、北アイルランド、レトニア、オーストリア、リヒテンシュタイン、アイルランドを相手に七勝二分一敗、文句なしの本戦進出だった。

さて、九六年の「ユーロ」出場が決まると、三〇年前の素晴らしい記憶が蘇った。イングランドはポルトガル代表にとり幸運の地だ。メディアの心配をよそにユース世代は順調に育ち、イタリアやスペインの名門クラブでプレーしている、だからかなりやれるのではないか、誰もがそう思った。私もそう思った。

大会でポルトガルはまず前回チャンピオンのデンマークと当たった。ボール支配率では圧倒

★

的に上回りながら、攻守両面でのミスが祟り、一対一で引き分けるのがやっとだった。ポルトガルの選手はテクニックに長けているからキープ力があって、チャンスはいくらでも創るのだが、いざフィニッシュとなると精神的な脆さを露呈することが多かった。続くトルコ戦はフェルナンド・コートのシュートでものにした。そして第三戦、数少ないチャンスを珍しく確実に決めたポルトガルは三対〇でクロアチアを破り、勝ち点七としベスト・エイト入りを決定した。

準々決勝、相手はチェコ。おそらくは勝てたゲームだっただろう。二四分の決定的なチャンスに決めていれば、相手が一〇人になってから正確なクロスがジョアン・ピントに送られていれば、受身になったチェコに対しオリベイラ監督が何か手を打っていれば。しかし、逆にチェコのポボルスキーに「シャペウ＝帽子」（GKの頭上を抜くシュート）を決められ、ポルトガルはベスト・エイト止まりでイングランドを去ることになったのだ。六六年どころか八四年も超えることはできず、オリベイラ監督は「相手が防戦一方になり、ピッチで居眠りし始めると、ポルトガル代表の監督も一緒に眠ってしまう」と非難された。また、細かいパスのつなぎを好意的に評価しない地元メディアからは、なぜシュートを打つ前に中盤で一〇回も壁パスを繰り返さなければならないのか、と揶揄された。ポルトガルの選手は、かつてベンフィカの監督を務めたとき堅い守備陣を突破するために壁パスの練習を徹底させたベーラ・グットマンの教えに今も忠実すぎるせいか、ゴールの達成感よりパスを繰り返しながらボールと戯れることを愛すのだから仕方ない。エウゼビオのように両方を愛する選手は稀なのだ。

大会中、ポルトガル代表にはいくつか「事件」があった。GKビットル・バイーアの代理人が協会の規則を破って合宿所に顔を見せ、FCポルトからバルセロナへの移籍をバイーアと話し合ったことが発覚した。また、ルイ・コスタは、フィオレンティーナの同僚バティストゥータがいればポルトガルはもっと強くなれるはずだ、と発言したことが監督の耳に入り、だったらアルゼンチン人にでもなってしまえ！　と叱責されたりもした。ルイ・コスタの言うことは一〇〇パーセント正しいが、同僚のフォワード批判と取られかねなかったのだろう。

こうして見ると、タレントは十分にいたけれど、ポルトガル代表はやはりチャンピオンになるべきチームではなかったようだ。

ところで、あまり話題にならないが、一九九六年、ポルトガル・サッカーにとりもう一つ重要な国際舞台での活躍は、アトランタ・オリンピックでの四位入賞である。一九二八年アムステルダム大会以来六八年ぶりにオリンピック出場を果たしたポルトガルは、若手中心のチームだったが、緒戦でチュニジアを破り（二対〇）、アルゼンチンとアメリカに引き分け、勝ち点五で決勝トーナメントに進出した。準々決勝ではフランスを延長で下したが、準決勝で再び当たったアルゼンチンには〇対二で敗れた。そして、三位決定戦ではブラジルに〇対五とコテンパンにやられたが、ヨーロッパのチームとしては最上位の入賞であった。選手の平均年齢も低く、ポルトガルに若い才能が育ちつづけていることの証だった。

黄金の世代の勝利と敗北

「ユーロ九六」のメンバーを中心としたポルトガルは、サッカー協会の切り札アルトゥール・ジョルジュ監督の下、一九九八年ワールドカップ・フランス大会への出場を目指したが、勝ち点「一」の僅差で夢を果たせなかった。これといったタレントがいなくともドイツがトップで予選を通過するのは折込み済み、しかしウクライナを上回り二位でプレーオフ進出は十分可能だったはずなのだが。

確かにディナモ・キエフのメンバーを中心とするウクライナは容易な相手ではなかった。しかし振り返ってみると、結局、緒戦の相手、アマチュアだらけのアルメニアに引き分けたゲーム（九六年八月三一日）が後々になって響き、ポルトガル代表は有利の下馬評をまたしても自ら覆し、本大会出場に失敗してしまった。アルメニア戦終了直前の八六分、ポルトガルはＰＫを得たのだが、キャプテンのオセアーノがはずしてしまい、勝利をみすみす逃してしまったのだ。また、ウクライナとの第二戦も（一〇月五日）、ＧＫビットル・バイーアのフランゴ（凡ミス）により一対二で敗れた。しかも相手の二点目は八八分だった！

直後の第三戦はアルバニアをアウエーであるにもかかわらず三対〇で下した（一〇月九日）。だが、考えてみれば、予選最初のゲームがすべてアウエー、しかもポルトガルからかなり離れた国というのは、日程の組み方としてかなり稚拙ではなかっただろうか。事実、予選終了後、選手やコーチの間から日程に関してはかなり苦情が出たのである。驚いたことに、その日程を組んだのはアルトゥール・ジョルジュ監督とそのスタッフではなく、アントニオ・オリベイラ前監督時代の協会役員たちであった。ポルトガル・サッカーが抱える組織能力の欠如が如実に現れた失態だった。ポルトガル・サッカー協会は先を読んで行動することが苦手で、いつも後手後手に回って慌てて対応策を講じるのだ。

その後も、ポルトガル代表の戦いぶりは良くはなかった。ホームでドイツと引き分けるのは許せるにしても、アウエーとはいえ、イングランドの二部リーグでプレーする選手を集めただけの北アイルランド代表との引き分けは許容範囲を越えてしまっている（ドイツか北アイルランド、どちらかに勝っていれば……）。だが特に痛かったのは、九七年九月六日、ベルリンにおけるドイツとの引き分けだった。予選全試合の中で、その日ポルトガル代表は最高のゲームを展開、W杯メキシコ大会の予選で西ドイツ（当時）を破った、八五年一〇月一六日の「シュツットガルトの奇跡」を再現するのではないかとさえ予感させたのだった。ワールドカップ予選史上、初めてドイツに勝った国がポルトガル、そして二番目の国にもなれるチャンスだった。実際、ゲームのテンポは良かった、ポルトガル代表にしては珍しくシュートを打つことを恐れず、ドイツより多くシュートを放った。相手のカウンター攻撃に対する備えもできていた。しかし、審判がすべてをぶち壊しにした。ルイ・コスタが交代しようとしたとき、たいした理由もなく彼を退場処分にしたのだ。その不可解な判定でポルトガルはリズムを崩し、ゲームは引き分けに終わったのだった。

いや、審判がすべてを台無しにしたというのは語弊がある、ポルトガルが自分で壊した部分もかなりあるのだ。例えば、なぜビットル・バイーアは急ぐ必要のない手術をこの大事な試合の直前にしたのだろうか。なぜフェルナンド・コートを使う必要のないアルメニア戦に出場させ、警告の累積でドイツ戦に出場停止にさせてしまったのだろうか。避けようと思えば避けられたのではないだろうか。またアルトゥール・ジョルジュがドイツ戦の一週間前に、契約が切れたら監督を辞めると言ったのも、タイミングとして良かったのかどうか。もしかしたら、ポルトガルはグラウンド外の「フランゴ」で敗れたのではないのか。ワールドクラスの選手たちの素晴らしいプレーの数々も、そんなことでは台無しになるしかなかったのだろう。

一〇月一一日、ポルトガルはリスボンに北アイルランドを迎えた。ドイツとウクライナが負けて、ポルトガルが勝てば、ワールドカップに行ける、そんな淡い期待を持って人々はルース・スタジアムに集まった。しかし、ワールドカップはやはり自力で行くもの、最後になって第三者に依存する者にサッカーの神様は微笑みはしない。セルジオ・コンセイサンのゴールで勝ったものの、ドイツもウクライナもしっかりと勝利していた。フェルナンド・コートのPK失敗は、緒戦のPK失敗の重大さを思い起こさせるようで、なんとも皮肉だった。

こうして光に包まれながら希望は死んだのだった。フェルナンド・コートが試合後「我々はやるべきことはやった。やらなかったのはアルメニアだ」と言っていたが(アルメニアはウクライナに敗れた)、こういう負け惜しみは聞いていて虚しさを覚える。成功の鍵を第三者に託し、失敗の理由も第三者に帰すような者の言葉に美しさは宿らない。

★

ちなみに、この予選で一番話題となったスキャンダルは、九七年三月に行われた北アイルランド戦前の練習中、当時スポルティングでプレーしていたサ・ピントがアルトゥール・ジョルジュ監督を殴って、その後、一年間の出場停止処分を受けたことだ。もう一人のピント、ジョアン・ピントもよくチームメートや相手チームの選手と暴力沙汰を起こすが、監督を殴ったりはしない。そして翌年六月晴れてサ・ピントの処分は解かれ、ウンベルト・コエリョ代表監督に再び代表のゲームに招集された。「ユーロ二〇〇〇」の予選中、サ・ピントがあまりにもシュートをはずすので、いっそのこと相手ゴール裏にアルトゥール・ジョルジュの顔写真でも置いたらどうだ、そうすれば絶対に正確なキックをするだろうと口にした人がいた。その後もあまり代表で点を取らないから、是非とも一度試して欲しい作戦だ。

さて、いつものことながら詰めの甘さでワールドカップを逃したが、ウンベルト・コエーリョ監督の下、オランダとベルギーで開かれた「ユーロ二〇〇〇」はしっかりと出場を果たした。EU通貨統合の第一陣に入ったポルトガルは、「ユーロ」には強い。世界と戦うにはまだ臆病だけれど、ヨーロッパの枠内では最近は堂々たるものなのだ。コンプレックスなどない。その証拠に、本大会緒戦の対イングランド戦、二点を先制されながら、逆転で勝利を収めている。特にフィーゴのロング・シュートは八〇年代のポルトガル・サッカーに親しんだ者としては新鮮な驚きだった。ポルトガルの選手は巧みにキックを使い分けるけれど、強くて長いボールを蹴る選手は極めて少なかったからだ。しかもその後さらに二点とって逆転するとは、そんな強いメンタリティーはエウゼビオを除けばかつて見られなかった。まさに「新しいルジタニア人」の誕生だ。

第二戦の相手ルーマニアに対して、ポルトガルはわりと分が良い。これまでの対戦成績では勝ち越しているはずだ。ポルトガルは東欧のチームの強い当たりが苦手みたいだが、ルーマニアはラテンの香りがする分、組みやすいのかもしれない。試合は〇対〇のまま進んだが、最後の最後に得点し、ポルトガルが勝った。これもまた、らしくない勝ち方だった。そして第三戦、相手は調子の悪かったドイツ。楽観論がポルトガルのメディアを支配したけれど、同時に「ドイツはドイツ」という警戒心も見せていた。私もドイツが怖かった。

でも、ポルトガルは主力をはずした「Bチーム」なのに三対〇で勝ってしまった。この分だと決勝はポルトガルA代表対ポルトガルB代表ではないか、そんな威勢の良いジョークも口をついて出てきた。ポルトガルが強くなったのだろうけれど、ドイツの凋落も酷いものだった。さして勝ちたいと思っていなかった監督、チームワークのかけらもないチームでは誰が相手でも敗北はいたしかたなかったのだろう。九四年のワールドカップで負けても九六年のヨーロッパ選手権で優勝したから、九八年のワールドカップで負けていても今回もまた勝てるのではないかと思っていたのかもしれないが、柳の下に二匹目のドジョウはいなかったのだ。

ポルトガルはトルコに苦手意識はないらしく、準々決勝も楽に勝ってしまった。国民の誰もが代表チームの実力に自信を持った。だが準決勝の相手はフランス、一六年前と同じ顔合わせとなった。あの時は見ごたえある延長の攻防の末、最後は将軍プラティニにやられたのだった。だから今度は雪辱戦、みんなそう思った。特にフランスに暮らすポルトガル移民一世たちは強くそう願った。

実際、試合は白熱、先制ゴールを決めたヌノ・ゴメスのダイナミックな動きとシュート力は、その名前を譲り受けたフェルナンド・ゴメスより明らかに上だ。大会後ベンフィカ・リスボンからセリエAのフィオレンティーナに移籍したが、このままヨーロッパの強豪チームで成長してくれれば、エウゼビオ以来長くポルトガル代表に欠けていた頼れるストライカーとなってくれるだろう。

ただ、現在のフランスは先制されても勝負を捨てるようなチームではない。後半、アンリのゴールで同点、終了間際、フィーゴのセンタリングを受けたアベル・シャビエルのヘディング・シュートをバルテズが驚異的なセーブで防ぐと（あれが入っていれば……）、延長終了直前、そのアベル・シャビエルが犯したハンドによるPKをジダンが決めて、ポルトガルは「突然死」、二六年前と同様、またしても延長でフランスの前に屈してしまった。

あのきわどい判定に関し、選手たちはこれからも、「ハンドではなかった」と言いつづけるだろう。たしかに故意ではなかったかもしれない、だがディフェンダーの本能としてシャビエルはボールのコースを手を使って遮ってはいなかっただろうか。彼の手によってゴールの可能性が消されたとしたら、PKを取られても仕方なかったのではないだろうか。むしろ取らなかったら、それはそれで大問題となっただろう。

しかも、ゲーム全体の流れを振り返れば、フランスこそが勝利に値するチームだったと言わざるを得ない。前半、ボールを速く展開させていたのはどちらかといえばポルトガルだった。だから一―〇でリードしたのだ。しかし、後半のフランスは動きが速くなり、フィジカル面も上回った。技術に長けたデュガリーとジョルカエフに代えフィジカルの強いビエイラとプティが投入されたことも、ポルトガル人選手たち特にフィーゴにとっては辛かった。彼らは余裕を持ってボールをキープすることができなくなったのだ。

ビディガルに代えてパウロ・ベントを入れ、中盤のバランスは改善されたが、その時はすでに同点にされていた。さらにパウロ・ソーザをつぎ込み、なおも中盤を強化しようとコエーリョ監督は狙ったようだが、新聞報道によるとソーザはゲームへの集中力を失い、ハーフタイムの間イタリアから届いたファックスを読んでいて、監督の怒りを買ってしまっていたのだ。悪名高いポルトガル人選手のプロ意識の欠如は「黄金の世代」の間でも健在なようだ。結局のところ、ほんの僅かな細部の差でフランスはポルトガルを上回っていたのだ。サッカーの神様はディーテイルにこだわる、我々はその大前提を受け入れるべきだ。さもなければ、ポルトガル・サッカーは永遠に敗れつづけるだろう。

それにしても、試合終了のホイッスルが吹かれた後も判定をめぐって審判につめより、長期の出場停止を受けるアベル・シャビエル、ヌノ・ゴメス、パウロ・ベントの三選手もどうかと思う。すぐに勝負を捨ててユニフォームを抜いでベンチに帰ってしまったフィーゴの態度も誉められたものではない。確かに、ポルトガルは審判の判定に泣かされることが多い。でも、国際大会の頂点に立ちたいのならば、ＰＫ失敗の可能性を信じて、あそこは最後まで戦い抜くべきではなかったか。もし、主審や線審あるいはＵＥＦＡに対する悲鳴のような抗議さえなければ、ポルトガルはその魅惑のサッカーとともに世界の模範にさえなれたはずなのだ。ポルトガル人は自分たちのミス、弱さ、ツキのなさを、運命の裏切りと思い込み、現実から逃れようとする。ファドの新曲を作るにはそれでいいかもしれないが、残念ながらポルトガル人選手は世界の頂点に立つためのメンタリティーをまだ身につけてはいないと言わざるをえないのだ。

ところで、「ユーロ二〇〇〇」でフランス代表のフォワードとして活躍したロベール・ピーレスはポルトガル移民の二世で、本人はもちろんフランス人という自覚を持っているけれど、父親はスタンドでポルトガル代表を応援していたという。しかも母親はスペイン系で、ピーレスの話すけっして流暢ではないポルトガル語にはスペイン語の単語がしばしば混ざってしまう（スペイン語はかなりうまい）。ピーレスも父親の祖国愛に戸惑いを感じないわけではないようだが、それでも代表チームでは十分な働きをしていたのだから、父親の呪縛というものはそれほどでもないようだ。ただ、あのＰＫに関しての議論は、家族の間でどうなったのだろうか……。

ロベール・ピーレスのようなケースはフランスのポルトガル移民の間では珍しくないらしく、両親はポルトガル代表を応援するけれど、フランスで生まれ、ポルトガル語よりフランス語を上手に話す二世たちは世界チャンピオン、フランス代表を応援する例が多数派らしい。二世たちはフランス語の名前を持ち、学校でも、家でもフランス語を話すことが圧倒的に多いのだ。もちろん、二世、三世の若者たちの中にもポルトガル代表を応援しつづけた者はいる。でも彼らもけっしてフランスを応援した若者たちと喧嘩をするわけでもなく、同じようにフランス社会の中に溶け込んでいる。誰もが、フランス社会への統合の模範を、フランス代表で活躍するジダン、ビエイラ、ピーレスらに見ているのだ。

二〇〇〇年夏、ポルトガルは世界チャンピオン、フランスに敗れ、ヨーロッパ・チャンピオンになれなかった。だが、成果はあった。懐疑的だった人々を含め国民が代表チームを信頼するに至ったのだ。そして何よりも、二〇〇二年を目指すための、優れた個人の単なる集団ではなく、ポルトガル代表「チーム」が出来上がった。今こそがチャンス。長く指摘されてきた決定力不足を克服し、栄光と挫折をともに知る「黄金の世代」がフトゥボール・ポルトゥゲースの真価を世界に示す時が来たのだ！

Final do Jogo

フィナル・ド・ジョーゴ／タイムアップ

キリスト教世界の人間であろうとなかろうと、「世紀末」は特別な感情をもって迎えられるようだ。「何かが終わる」という事実が、いや言葉そのものが人々の心のうちに不安を掻き立て、些細なことにでも深い意味を読み取らせるのだろう。それに比べ、新しい世紀の始まりはあまり大きな騒ぎとはならない。軽い楽観的な空気が流れたとしても、長続きはしない。それまでと何も変わらなかった日常が続くうちに、一つの時代の区切りが存在したことさえも忘れ去られてしまうのだ。

けれども、私は新しい世紀がスタートした二〇〇一年に、大きな意味を与えたい。本書で述

★

べたように、ポルトガル・サッカーのリーグ・タイトルは長くベンフィカ、スポルティング、FCポルトという三大クラブによる持ち回りで、二〇世紀の間たった一度リスボンのベレネンセスがリーグ王者に輝いただけである。しかし、二一世紀はいきなり驚きと新しいメッセージをもたらした。独自の哲学を持つ、五番目のリーグ王者の誕生である。

二〇〇一年五月一八日、ポルト市第二のクラブ・チーム、ボアビスタFCが五五年間続いた三大クラブによるヘゲモニーに終止符を打ち、ポルトガル・サッカー一部リーグ・チャンピオンの座を勝ち取った。日本では無名に近いチームだが、創立は一九〇三年、ベンフィカやスポルティングよりも長い歴史を持つ伝統あるクラブである。創立時は「ザ・ボアビスタ・フットボーラーズ」と名乗り、選手の大半はイギリス人だった。二部さらに三部リーグに落ちたこともあったが、一九三三年ポルトガルで初めて選手のプロ化を認めた先進的なクラブでもある。もっともそのせいで一年間の活動停止処分をサッカー協会から受けたのだが。

ボアビスタFCの先進性は長く勝利に結びつかなかったが、一九七四年の「四月二五日革命」後は、ポルトガル・カップを五度制覇、また七五―七六年、九八―九九年の二シーズンはリーグ戦で二位に食い込んでいる。七四―七五年のシーズン初めてポルトガル・カップを勝ち取ったとき、そして七五―七六年のシーズンにリーグ戦二位に進出したとき、監督はあのジョゼ・マリア・ペドロト、ポルトガル・サッカー界に「革命」を起こした人物だった。そして、二〇〇〇―〇一年ボアビスタにリーグ戦初優勝をもたらしたのは、ペドロトを師と仰ぐ八〇年代の名選手、九七年からチームを率いるジャイメ・パシェコ監督だった。

予算ではとても三大クラブには及ばないものの、ボアビスタは毎年主力選手の一人を放出することで収支のバランスを取り、クラブ経営を安定させてきた。とはいえ、財政面の安定だけではチャンピオンになれない。二〇〇〇年一〇月UEFAカップで対戦したASローマのカペロ監督はボアビスタほどよく走るチームはヨーロッパにはないと驚いていたが、彼らのプレッシング・サッカーはシーズン終盤になっても効率を落とすことはなかった。

なぜか？　シーズンを通し体調のピークを長く維持し、さらに怪我の予防と短期回復を可能にした秘訣、すなわちボアビスタ優勝の秘密は、大学から招いた専門家の意見を積極的に取り入れ、選手の体調管理に応用したところにある。限られた予算の中でも、監督を中心として一貫した哲学に基づくチーム作りを行えば、大クラブでなくともチャンピオンになれることを証明したボアビスタFCの勝利は、他の中小クラブにとり良き模範となるにちがいないし、何より三大クラブに対する強烈なアンチテーゼとなるだろう。チャンピオン・ボアビスタの誕生が、マンネリ化したポルトガル・リーグの活性化を促す触媒となることが期待されるのだ。

さて、二〇〇二年W杯出場を賭けたヨーロッパ予選も終盤にさしかかり、ポルトガルは予選グループ内で好位置をキープしている。九四年、九八年、二度のW杯出場を逃した「黄金の世代」は三度目の正直で本大会出場を決めたいはずだ。ポルトガルは二〇〇四年に『ユーロ』を主催することがすでに決定しているが、その時はおそらく次の世代が中心となっているだろう。したがって、「黄金の世代」にとり、二〇〇二年W杯は真価を世界に示すラスト・チャンスになると思われる。普段はのんびりしているようでも最後はきちんと仕事を成し遂げるのがポルトガル人だ、「黄金の世代」の選手たちもこの機会を逃しはしないだろう。また、ワールドユースにおける偉業の後はツキに見放された観もあるカルロス・ケイロス監督だが、南アフリカ代表を早くもW杯出場まで導き、ポルトガルには優れた選手だけでなく、優秀な監督もいることを証明してみせた。この幸運が続くことを祈ってやまない。

ポルトガル・サッカーに出会って以来ずっと、いつか一冊の本を書いてみたいと思ってきた。その夢を叶えさせてくれた社会評論社の松田健二社長、そして温かい言葉で励ましてくれた同社の徳宮峻氏に感謝いたします。また情報と資料の提供など様々な形で応援しつづけてくれたポルトガル・サッカーを愛する友人たちにもありがとうと言いたい。

さて、どうやらフィナル・ド・ジョーゴ（試合終了）の笛が吹かれたようだ。それではいつかまた、日曜日の午後、ポンタペー・デ・サイーダの笛を一緒に聞きましょう。

二〇〇一年盛夏、新しいシーズンの開幕を間近にして

市之瀬　敦

参考文献

書籍

講談社文庫編（1998）『ワールドカップ全記録』講談社文庫

後藤健生（1998）『ワールドカップ』中央公論社

後藤健生（2001）『ワールドカップの世紀』文春文庫

週刊サッカーマガジン責任編集（2001）『サッカー・マルチ大事典』ベースボール・マガジン社

テイラー、クリス（2001）『南米蹴球紀行』ケイブンシャ

日本サッカー倶楽部編（2001）『ワールドカップ雑学 BOOK』王様文庫

Dias, Mariana T. (2000) *História do futebol em Lisboa.* Quimera

Farinha, Alfredo. (1997) *Futebol traído e humilhado.* Edição do autor

Magalhães, Álvaro. & Dias, Manuel. (1995) *F.C. Porto. 100 anos de história.* Edições ASA

Malheiro, João. (1998) *Obrigado Eusébio.* Estar

Marcelino, João. (dir.) (1999) *Livro do cinquentenário, Record, futebol.* Edições ASA

Sobral, Fernando. (2000) *A torre de papel. Crónicas apaixonadas sobre o futebol português.* Pergaminho

Sousa, Manuel de. (1997) *História do futebol: origens, nomes, números e factos.* SporPress

雑誌

『週刊サッカーマガジン』

『週刊サッカーダイジェスト』

『スポーツ・グラフィック　ナンバー』

“foot”

“Lusofonia”

“Visão”

新聞

“Público”

“Expresso”

“Diário de Notícias”

“Jornal de Notícias”

“A Bola”

★市之瀬 敦（いちのせ・あつし）
1961年埼玉県生まれ。東京外国語大学大学院修了。外務省在ポルトガル大使館専門調査員を経て、現在、上智大学外国語学部助教授。ポルトガル語学、クレオール諸語研究と共に、ポルトガル社会論、ポルトガル語圏アフリカ文学に関する研究も行う。著書に『クレオールな風にのって　ギニア・ビサウへの旅』、『ポルトガルの世界――海洋帝国の夢のゆくえ』（共に社会評論社）、共著に『アミルカル・カブラル　抵抗と創造』、『モザンビーク』（共に柘植書房）、翻訳書にペペテラ著『マヨンベ』（緑地社）がある。

ポルトガル・サッカー物語

2001年8月31日　初版第1刷発行

著　者――市之瀬敦
装　幀――桑谷速人
発行人――松田健二
発行所――株式会社社会評論社
東京都文京区本郷2-3-10
☎03(3814)3861　FAX.03(3818)2808
http://www.shahyo.com
印　刷――一ツ橋電植＋平河工業社＋東光印刷
製　本――東和製本

ISBN4-7845-0395-1　Printed in Japan